从 "0" 到 "1"

浙江大学计算机科学与技术学院
口述史

浙江大学计算机科学与技术学院 编

College of Computer Science and Technology
Zhejiang University

Oral History

浙江大学出版社
·杭州·

图书在版编目（CIP）数据

从"0"到"1"：浙江大学计算机科学与技术学院
口述史 / 浙江大学计算机科学与技术学院编.—杭州：
浙江大学出版社，2023.10
　ISBN 978-7-308-24275-2

　Ⅰ．①从…　Ⅱ．①浙…　Ⅲ．①浙江大学计算机科学与
技术学院－校史　Ⅳ．①G649.285.51

中国国家版本馆CIP数据核字(2023)第182831号

从"0"到"1"——浙江大学计算机科学与技术学院口述史
浙江大学计算机科学与技术学院　编

策　　划　黄娟琴
责任编辑　金佩雯
责任校对　叶思源
封面设计　程　晨
出版发行　浙江大学出版社
　　　　　（杭州市天目山路148号　　邮政编码　310007）
　　　　　（网址：http://www.zjupress.com）
排　　版　杭州林智广告有限公司
印　　刷　杭州捷派印务有限公司
开　　本　787mm×1092mm　1/16
印　　张　19
字　　数　276千
版 印 次　2023年10月第1版　2023年10月第1次印刷
书　　号　ISBN 978-7-308-24275-2
定　　价　128.00元

1978 年的夏天，浙江大学的院系目录中出现了一个新的名字：计算机科学与工程学系。创系主任何志均先生曾经说：新成立的计算机系虽然规模很小，但同时具备硬件和软件两个专业，只要大家齐心协力，"丑小鸭"就有脱胎换骨的希望。怀着这一信念，浙大计算机学科已走过了 45 年的发展历程，一代又一代师生团结奋斗、砥砺前行，浙大计算机队伍不断发展壮大，取得了令人瞩目的办学成就，形成了鲜明的专业特色，产生了持续而深远的影响。

2008 年，浙江大学计算机科学与技术学院在 30 周年院庆之际提出的"人为本，和为贵，变则通"的发展理念是学院持续进步的重要因素；2018 年，40 周年院庆之际，学院院史馆在玉泉校区曹光彪高科技大楼东楼建成，它成为师生们瞻仰何先生塑像、近距离了解学院历史的空间。文化的力量是深刻的。再一次回望，我们不禁思考：能否创造一个文化的时空，让人们在触摸历史时，能看见时代的脉搏、学科的源流、师生的成长、文化的传承，看见组成"人为本，和为贵，变则通"的一点一滴？于是，编写一部"学院口述史"的想法就这样萌生了。

口述史的本质内涵是文化挖掘。文化宝藏在哪儿？在学院各位老师的帮助和指导下，我们逐步明确了挖掘和遴选"文化宝藏"的三条标准："从 0 到 1""核心聚焦""第一视角"。其中，"从 0 到 1"是指关注具有开创性、开拓性特征和有意义的专业、课程、成果等，向读者再现"源头"的风景与来龙去脉；"核心聚焦"是指讲述的内容聚焦于标志性事件、热点人物和共同记忆等，以加深文化认同与情感共鸣；"第一视角"指的是口述人都是事件的亲历者，不同的口述人围绕同一个事件来讲述当时自己的经历与体会，力图做到生动鲜活、可读可感。

依据这三条标准，我们选取了学院的许多"文化宝藏"收录至本书中，并将本书分为八个部分：第一部分讲述计算机系成立之初，在全国率先招收 "人工智能" 专业研究生的故事；第二部分讲述杭州大学计算机学院（系）从建系到四校合并的发展历程；第三部分讲述计算机辅助设计与图形学（CAD&CG）国家重点实验室的故事；第四部分讲述开设工业设计专业的故事；第五部分讲述计算机学院（系）在教书育人方面的开创性举措和不断创新的 "明星" 老师们的故事；第六部分讲述以浙江大学道富技术中心为代表， "走出去" 开拓国际合作的故事；第七部分回顾从第一台电子管计算机开始，到印花提花一体化纺织 CAD/CAM 系统等国家奖项背后的科研攻关故事；第八部分讲述计算机学院 "人为本，和为贵，变则通" 发展理念的由来及教职工代表的成长故事。每一篇文章结尾都标注了口述人与浙江大学计算机学院（系）的渊源。

在本书编写过程中，我们得到了张森、董金祥、石教英、潘云鹤、王申康、朱淼良、高济、孔繁胜、陈纯、陈根才、何钦铭、汪益民等各位顾问前辈的悉心指导，以及各位老师的无私帮助，成立了以彭列平为组长，周炜、单琚慧为副组长，彭韧、朱原之、吕正则、刘雨、李诗韵等为主要成员的口述史采编小组，经过长时间的采访、记录、整理、校对等采编工作，才得以将学院一路走来的点点滴滴，汇编成一个个朴素而充满温情的篇章。

采编小组是由学院不同党政管理岗位的老师组成的 "杂牌军"，但大家都一致认同 "文化挖掘" 的意义，并愿意投入其中。采编小组成员发挥各自所长，相互配合，不断学习，让 "挖掘" 工作能够持续推进。 "挖掘" 工作主要依据时代背景、学科发展和个人成长三个坐标轴展开，采编小组希望以清晰透彻的阐述，把读者带回每一个维度的历史场景中，并使其获得丰富的体验。

　　一遍遍的挖掘是为了再创造，一次次的回望是为了再出发。在浙江大学计算机科学与技术学院 45 周年院庆之际，我们希望通过本书的梳理与回顾，为读者呈现浙大计算机学科求是创新、艰苦奋斗的故事，让读者在故事中领略精神，在细节中追寻力量；希望本书能成为学院师生凝练共同记忆的历史宝库，成为鞭策师生奋楫笃行的精神源泉。

　　虽然我们在编写这本书时付出了极大努力，投入了很多精力，但由于经验、能力与时间所限，还远未做到尽善尽美。如您发现差错和纰漏，恳请您海涵与指正，并提出宝贵的意见和建议，帮助我们不断改进和完善。

一、人工智能的创立与早期探索 / 1

口述人：**潘云鹤**

　　整个系只有一台微机 / 4

　　"人为本，和为贵，变则通" / 5

　　推进我国人工智能 2.0 / 6

口述人：**董金祥**

　　向何老师学习看书、教书 / 8

　　"五虎将"的毕业课题 / 9

　　借款买 VAX-11/785 / 13

口述人：**王申康**

　　素不相识的老师给我回信 / 16

　　我们五个人全部回来了，特别想做事，特别想"迸发"自己 / 19

　　第一个教学型教授 / 21

口述人：**朱淼良**

　　让计算机"聪明一点" / 23

　　"扫地出门"战略 / 24

　　第一辆无人车 / 25

口述人：**高济**

　　考研的卷子寄到了邢台市 / 27

　　五个人 24 小时轮班用一台微机 / 28

口述人：**孔繁胜**

　　招生目录里，我一眼就看到了"人工智能" / 30

　　做国计民生的课题，吃过很多闭门羹 / 31

二、杭大计算机系，"弄潮"在时代前沿 / 35

口述人：张森

缘起计算机"黄埔军校" / 38

集中力量成立全国首个计算机学院 / 40

加速发展浙江电子信息产业的建议 / 42

口述人：顾根青

创立浙江省计算机应用与教育学会 / 46

口述人：季江民

我们四个学生联合向学校"请愿"转入计算机系 / 47

我的作业被抄了，被孙老师叫去谈话 / 49

给学生打了几分，现在都记得 / 52

口述人：孙达传

我是第一批老师，也是"最后"一批退休的 / 54

中国科学院淘汰的计算机，运到杭州"复活"了 / 55

在外攻关课题三个月，回来女儿不认得我了 / 57

大型计算机上的东海潮流计算 / 59

口述人：叶根银

注重学生科研与合作能力的培养 / 61

集团体之力，创文体佳绩 / 62

口述人：王维维

依托英文原版教材开设双语课程 / 65

引进外校及产业界人才 / 66

口述人：陈根才

甲方就在隔壁，有问题我五分钟赶到 / 68

三、计算机图形学：交叉是必然选择 / 73

口述人：石教英

曾是计算机的"门外汉" / 76

看了一个月显示器逻辑图 / 78

我的终身好友 / 79

浙大 CAD，初露锋芒 / 82

三个感谢 / 84

口述人：彭群生

我才开始接触图形学理论，国外已经在运用图形学工具了 / 89

图形学的中文名词，源于我们翻译的教材 / 91

国际会议上的动画，让我大受震撼 / 93

筹建国家重点实验室 / 94

最好的楼层，一流的设备 / 96

两大法宝 / 100

口述人：谭建荣

我选择浙大，有两个原因 / 102

CAD 实验室的成功经验 / 105

研发自主产权的 CAD 软件 / 108

梁老师的讨论班，在浙大开了先河 / 110

创新设计成为国家战略 / 111

四、创新设计，助推中国智造 / 115

口述人：潘云鹤

计算机会深刻改变设计 / 118

运用信息技术实现设计智能化表达 / 122

形象思维与逻辑思维缺一不可 / 125

文化是独特的设计基因 / 126

从工业设计到创新设计 / 127

培养具有广博知识和开阔视野的人才 / 130

口述人：许喜华

一批珍贵的产品说明书 / 132

专业创办初期的艰苦奋斗 / 135

人才培养逐步趋向设计的本质 / 137

口述人：彭韧

学校把我这个助教作为人才引进，我很感动 / 140

学生的一个设计，打开了一片市场 / 141

24000 元买了一台 32MB 内存的电脑 / 145

口述人：潘鹏凯

在自由的 "土壤" 中跨界成长 / 148

MIT 媒体实验室全奖博士生 / 149

浙江大学是我成人的起点 / 151

口述人：徐江

把教材熟读好几遍 / 153

思考中国未来设计发展 / 154

追求科技与人性的调和点 / 156

五、老师的心力，浇灌学生的竞争力 / 159

口述人：董金祥

邻居很好奇，为何系主任总是来我家 / 162

口述人：陈根才

21 世纪初，计算机学院在校生达四五千人 / 164

"顶格" 课时补贴激励教学 / 166

努力抓好专业建设 / 168

口述人：何钦铭

采用原版教材，接轨国际一流大学 / 170

从多媒体课件到慕课 / 171

打磨计算机专业的"撒手锏" / 173

"超常规"培养软件与网络人才 / 176

不要让老师感受到来自各项指标的压力 / 178

口述人：陈越

让世界看到我们的学生 / 180

做浙大的老师，一定要学会"偷懒" / 181

在"快乐课堂"，我负责把氛围"搞起来" / 182

给天才铺路 / 185

程序设计教学"三剑客" / 187

我在 BBS 上宣布，我要"长辈分"了 / 189

口述人：翁恺

要有这种雄心，去做第一个开出这门课的人 / 190

"野生"老师进阶记 / 193

如果我是学生 / 195

六、在全球版图中厚植生命力 / 199

口述人：汪益民

一封手写的长信 / 202

一炮打响软件外包服务 / 204

口述人：杨小虎

五年里写出的信石沉大海，何老师一直没有放弃 / 208

开头几次例会，没有人询问我们的意见 / 209

圆梦——"浙江大学道富技术中心"成立 / 211

让人才像石油一样喷涌 / 213

把培养学生放在第一位 / 214

口述人：Jerry Cristoforo

　　浙大可以提升道富的核心技术 / 217

　　可以打造 5000 人的团队吗？ / 217

　　犹如一次心脏修复手术 / 218

　　"I never thought it could happen, but it did." / 220

　　"Can we get to 5,000?" / 220

　　Like heart surgery / 221

口述人：周波

　　核心业务落户杭州 / 223

　　技术主导的价值取向 / 224

　　成章乃达，若金之在熔 / 226

口述人：陈根才

　　学生国际化双向交流，老师也是 / 228

七、饮水思源，岁月深处的点滴记忆 / 233

口述人：顾伟康

　　六十年代初就有了不起的科研 / 236

口述人：叶澄清

　　研制初期，一张图纸也没有 / 238

　　计算机专业最早的"教材" / 239

　　一个气象站需要几十个人做气象填图 / 241

　　第一台自动气象填图计算机诞生了 / 242

口述人：张德馨

　　跟着何老师"转专业" / 245

　　看得远，看得透，看得准 / 247

口述人：陶欣

　　钱学森来浙大讲学，我们围着他听讲 / 250

口述人：**关长青**

DJS131 计算机诞生记 / 254

口述人：**童学军**

国际人工智能大会上，我们是最年轻的参与者 / 259

口述人：**陈纯**

师从何志均老师 / 262

CBX 情结 / 264

纺织业的 CAD/CAM 系统 / 265

Innovation：亿脑网新 / 267

八、人为本，和为贵，变则通 / 271

口述人：**潘云鹤**

朴实无华的宝贵遗产 / 274

口述人：**陈纯**

浙大计算机的"天时、地利、人和" / 275

口述人：**吴朝晖**

一生学习的榜样 / 278

口述人：**汪益民**

初到计算机系，我发现每个老师都很忙 / 280

学院发展理念的由来 / 281

对"九字真经"的理解 / 283

口述人：**高平**

和计算机"沾边" / 285

我们的宝贝 Cromemco / 286

为了买"大机器"，当了一回"团长" / 288

活跃的文体活动 / 289

一、人工智能的
创立与早期探索

1978 年，我国高等学校恢复研究生招生工作，开始大力培养建设社会主义国家的高层次人才，浙江大学首批招收了约 100 名研究生新生。此时，全球人工智能研究正处于第一波发展浪潮之中，模式识别、专家系统等成为主流方向。1978 年，浙大无线电系何志均先生着手创办计算机科学与工程学系，前瞻性地将首批研究生专业方向设为"人工智能"。

大庆油田的王申康，武汉钢铁厂的朱淼良，河北地震局的高济，081 基地的孔繁胜，襄樊市科委的潘云鹤——五位"文革"前的大学毕业生从全国各地考入浙大，成为浙大乃至全国首批"人工智能"专业方向的研究生。在这一篇章中，我们将读到"五虎将"和当时担任研究生秘书的董金祥老师讲述的求学与工作经历。

回顾这段历史，我们可以看到浙大计算机学科创始人何志均先生鲜明的个人烙印：对于人工智能专业的第一本教材，他提倡同步使用麻省理工学院的原版教材；对于"五虎将"的毕业选题，他坚持"放手"，毫无保留地支持研究生从国计民生急需之处发现选题；在"计算机系没有计算机"的特殊年代，他努力为学生争取到两台计算机，第一台得益于出国访问时的"省吃俭用"，第二台得益于充满胆识的"超前消费"。

在浙大计算机系完成研究生学业后，"五虎将"陆续出国深造，几年以后全部坚定地回到祖国，回到浙大。对于为什么放弃留在国外，他们说：要"迸发"自己，建设祖国。1983 年，浙江大学人工智能研究所成立，陆续归来的"五虎将"成为浙大人工智能专业发展的中坚力量。

1978 年 4 月，教育部、国家计委（中华人民共和国国家计划委员会）[①] 联合发布《关于下达 1978 年全国研究生招生计划的通知》，我国研究生教育恢复招生。刚刚创建不久的浙江大学计算机系以"人工智能"专业在全国招收首批五位研究生，为国家培养了第一代人工智能方向的人才。

1978 年入学的五位人工智能方向研究生（左起：潘云鹤、王申康、朱森良、孔繁胜、高济）

————————————

① 编者注：为保留口述者的语言风格，让读者获得流畅的阅读体验，本书中对一些不存在歧义的机构直接使用简称。

口述人：潘云鹤

整个系只有一台微机

1965 年，我考入同济大学建筑系，1970 年毕业后先被分配到湖北南漳县钢铁厂，后来被调到湖北襄樊市科委工作。1978 年，国家恢复研究生招生，我是何志均先生 1978 年招收的第一届研究生，当年一共招了五个研究生，研究方向都是人工智能。如今想来，在 1978 年就把人工智能作为研究的主要方向，并且开始在此方向招收研究生，是很有战略眼光的。

我们五个研究生搞科研都是用何先生从美国带回来的 Cromemco 微机，这是我们的一个宝贝。当时，整个计算机系只有这么一台微机。主要的"用户"是我们人工智能方向第一批五个研究生，第二批三个研究生，一共八个人。Cromemco 一天 24 小时都排满了上机实验，每人每天能轮到两到三个小时，白天和黑夜轮番上机，其他时间设计计算机算法和修改代码，工作十分紧张。

我当时是做计算机辅助美术图案设计的专家系统，里面包括的内容有知识的学习、知识的表达、知识的推理以及最后的图案显示，因内容既涉及人工智能，又涉及计算机图形学（computer graphics，CG），程序很大。Cromemco 的内存很小，因此在写这个程序时，我不得不一半使用高阶语言，一半使用机器汇编语言，写得很辛苦。正是在艰苦的环境和严格的训练下，我们每个人的系统设计和软件编程能力都有了很大的提高，后来我们八个人都非常顺利地完成了专家系统或者模式识别的研究，发表了论文。

"人为本，和为贵，变则通"

纵观我的导师何志均的一生，可以用九个字来概括——人为本，和为贵，变则通。

何志均先生创建了两个系：一个是无线电系，也就是后来的信电系，何先生在他当时所在的电机系里率先看到无线电方向的重要之处，创立了无线电系；另一个是计算机系，何先生后来又在无线电系里看到计算机方向的发展前景，创立了计算机系。何先生原来是做计算机硬件的，但是不久以后他就提出要搞人工智能。我们入学时，浙大只看到这是一个重要方向，还没有真正开始研究人工智能。后来，我们有做专家系统的，有做模式识别的，最终都顺利完成了学业，留在了计算机系，支持了人工智能的发展壮大。何先生的这三步——无线电、计算机、人工智能，每一步都走得很正确，每一步都显示他非凡的学识，对浙江大学的发展做出了重大贡献。这就是他的"变则通"的特点。

第二个重要特点是"和为贵"。不管是对学生还是老师，何先生都非常尽心，待人接物十分诚恳。他对学生以慈爱，治系（所）以和顺，处同事以仁厚，使人如沐春风。也正是何先生身上的这种品质，使得计算机学科在整个发展过程中都非常和谐、团结。这三个字也成了学院文化，促使学院在短短四十几年时间里，成为浙江大学最优秀的院系之一。

第三点是"人为本"。何先生非常重视从国内外引进各类人才，我们五个研究生就是从不同地方考过来的。我在考何先生的研究生之前，已是襄樊自动化研究所所长，其他几位同学也都是各个单位的技术骨干，何先生抓住了"文革"之后全国第一次招收研究生的机会，把我们招进了浙大计算机系，并且把所有人都留在了浙大。除此之外，他还从北大、清华等国内知名高校调入了很多计算机领域的人才。

推进我国人工智能2.0

为构筑我国人工智能的先发优势，我负责组织专家申请了中国工程院人工智能2.0发展战略相关的重大咨询研究项目，并联合其他专家于2016年向党中央呈报，建议启动中国人工智能2.0重大科技计划，得到了习近平等党和国家领导人的高度重视，为《新一代人工智能发展规划》的形成、发展和建设做出了贡献。

发展人工智能要有勇探 "无人区" 的理念。这个理念实际上是中国科学技术发展思想的一次转型，我们应该一只眼睛看到国际的学科前沿，继续盯着国际上有什么新的发展、新的创造；另外一只眼睛看到我们国家的重大需求，从应用推向模型、推向理论，这里有很多人工智能真正大有可为的地方。

《新一代人工智能发展规划》是2017年发布的，其实在2015年我们就意识到人工智能要进行升级换代，要从原来的1.0走向2.0。从1.0向2.0发展有很多原因，包括信息方面的、需求方面的，还有人工智能内部的发展原因，这些原因集中起来，实际上就是人工智能要在一个新的信息环境中用新的方法去解决新的问题。

人工智能内部已经萌发出许多新技术和新方向，它们和老的人工智能有很大的不同。其中一个很重要的发展方向就是建立在大数据之上的人工智能，比如深度神经网络就是依靠大数据，特别是大量标识以后的数据进行学习的。第二个很重要的发展方向是群体智能。它试图把互联网上的人群和计算机群的智能发挥出来，用人工智能系统去调度、组织、协调，其中著名的应用如无人机群和区块链。区块链是群体系统，用人工智能的方法可以把区块链的技术发挥得更加极致。第三个方向是跨媒体智能。我们不仅要能分别处理符号信息、声音信息、图像图形信息，而且要把这些数据打通，能够进行从一种数据到另外一种数据的联想和推理，用以解决复杂的问题。第四个方向是人机融合的增强智能，让人和计算机联合起来一起工作，将是人工智能发展的重要方向。人工智能1.0的时代，我们盼望计算机变得像人一样聪明，实际上经过60多年的发展，很多人工智能专家发现人与计算机各有所长，计算机可以在某些地方比人更聪明，但是人一定会在很多地方比计算机更聪明。所以应该想办法把人的智能和计算机的智能结合在一起，变成一个更加强大的智能系统为人服务。第五个方向是智能自主系统。人工智能1.0时代的重点发展方向是机器人，我们看到了很多像人的机器。这个方向的研究还会继续下去，有它的科学意义；但同时我们看到，发展最迅猛的并不是那类像人一样的机器，而是像无人机那样，人工智能自主控制的，在各种条件下能够自主应对各种情况的机器。所以我们看到陆地上走的、空中飞的、海里游的各种各样的自主智能系统开始出现。把人工智能系统装到各种各样现有的机械中去，使它们变得更加自主化，更加智能化，这是发展的重要方向。

这几年来中国在人工智能领域取得的成绩，让我们看到人工智能确实是在推动经济和社会发展，这也说明中国的新一代人工智能发展规划水平是相当高的。

潘云鹤

　　1978年10月至1981年10月就读于浙江大学计算机系计算机应用专业。1981年10月至今在浙江大学计算机学院（系）任教。①

---

① 编者注：口述人介绍主要体现口述人在浙江大学计算机学院（系）学习、任教（工作）的经历。

口述人：董金祥

向何老师学习看书、教书

浙江大学第一届"人工智能"专业一共招了五名学生，潘云鹤、王申康、高济、朱淼良、孔繁胜，这五个人都是"文革"前毕业的大学生，从全国各个地方考过来。研究生招进来之后，我做研究生秘书，也在课堂里旁听何志均老师讲课。人工智能专业主要的课都是何老师自己教，主要课程有人工智能导论、人工智能理论，用的都是英文教材，数据结构等基础课则由其他老师开设。何老师每次出国都要背很多书回来，后来我也学会了，跑到斯坦福、伯克利，同一类书翻看几本，挑选我认为比较好的买回来作为教材。

何老师对于学科的发展方向总是看得早、看得远。引进美国教材的时候，何老师认识到国际上人工智能很热门。在国际前沿的计算机科学与技术领域面前，当时刚刚创建的浙大计算机系还处于起步阶段，清华、北大也比浙大起步早。何老师一直在琢磨浙大计算机学科应该怎么发展，他这个人一贯是具有超前、创新和冒险精神的，当全国恢复研究生招生的时候，他就提出了人工智能方向，我们浙大就成为全国最早在人工智能方向招收研究生的学校之一。何老师扛起了人工智能这面大旗，是大家公认的鼻祖级人物。

人工智能刚刚在国内热起来的时候，沈阳自动化所组织过一个全国人工智能学习班，我和五个研究生一起过去学了三个月。国内著名的人工智能专家讲了模式识别、规则推理等各种内容，内容比较深入丰富。

2020年，董金祥老师来到浙大图书馆外文书库查找书籍。那些年，在何志均老师的影响下，董老师也养成了经常跑外文书库的习惯

"五虎将"的毕业课题

当时研究生的学制是三年，很快，第一届研究生就到了要做毕业设计的时候。何老师要求研究要结合合适的应用背景。我作为研究生秘书和系里的科研秘书，就帮着一起去找课题。当时人工智能有个方向叫作"专家系统"，专家系统指的是用规则把专家知识建立成库的方法，解决用经典数学计算不能解决的问题。

我们最先想到的一个应用场景是中医专家系统。根据已有诊断病例的数据，比如脉搏等，在系统上存储很多中药处方，在输入病例的时候，系统就可以自动开出处方。那时候浙大有个科仪系，有人做过一个脉象仪，专门用来测脉搏。如果我们的想法能实现，简单的中医诊断就可以方便很多。但我们调查之后发现，中医医生不愿意配合我们收集相关数据，这个方向就只能放弃了。

然后我们考虑农业方向。比如对于蔬菜的生长，用计算机建立蔬菜生长过程

浙江大学首批人工智能专业研究生毕业后与导师何志均老师合影
（左起：王申康、高济、潘云鹤、何志均、朱淼良、孔繁胜）

的模型并模拟蔬菜生长的每一个阶段，其他人就可以通过这个系统知道怎么种蔬菜。浙江农业大学果蔬专业当时有一位比较有名的教授，我跟他说："我们可以利用计算机帮你种菜。"他问我："计算机怎么可以种菜呢？"我说："你把蔬菜生长过程全部告诉我，比如什么时候下苗、什么时候施肥，只要你的数据准确，计算机就可以在学习的基础上进行整合优化，甚至告诉你应该怎么种菜。"

我跑到浙江省农科院作物所，找到水稻专家，与他们讨论。我说计算机可以帮助培育水稻品种，根据水稻的遗传基因、生长环境等信息，模拟出两个水稻品种杂交以后的情况。对方听了觉得有道理。这个项目就由孔繁胜去做了。他先做了一个水稻数据库，后来为中国农业科学院建立了所有水稻品种的资源数据库，包括千粒重、抗倒伏性等很多数据。如果水稻要做配种杂交，哪一个品种抗倒伏性比较好、千粒重也比较重，哪些水稻可以杂交，怎么匹配父本和母本，通过检索数据库就能知道，这在那时候也算智能化了，我们叫作"智能检索"。"国家作物种质资源数据库系统"在 1993 年获得了国家科学技术进步奖三等奖，这个数据库孔繁胜一直做到退休之后。

后来我又跑到中国农科院小麦研究所与知名的小麦育种专家金善宝合作。他是浙江诸暨人，他夫人是杭州人，听说我们是杭州来的，他很开心、很热情。高济做的就是小麦的数据库和以数据库为基础的智能检索。

我和王申康去镇江的中国农科院蚕业研究所"游说"，说能用计算机帮他们养蚕。王申康后来做了"计算机家蚕育种"研究，把蚕的遗传特征和蚕本身的一些数据（比如蚕丝的长度、质量等各种各样的数据）输入计算机。蚕宝宝的父本和母本相配可以出现很多种情况，比如 25×25 种不同亲本组合就有 625 种可能。计算机可以计算出最优的十几种配种方案，就不需要大量的人工养殖来选择最佳方案，效果也不错。

当时的国家部委，拿着浙大工作证就可以直接进去，所以我还去了公安部。听了我的介绍，对方说："好啊，你们帮我们做指纹检索吧。"指纹就是图案，他们要把指纹分出几个大类，能节省很多人工。比如把 600 个指纹分成六类，只要在其中一类里面人工检索、比对就可以了。但是当时我们觉得难，短时间内做不出来，后来选择了另一个方向——阿拉伯数字 0 到 9 的识别，用于识别手写的邮编，我们想通过计算机识别，提高邮件分拣的准确率。

潘云鹤本科读的是建筑专业，美术基础好，他想出一个方向是用计算机画图。当时人工智能最有名的规则是"if ... then ..."，即：如果遇到这样的情况，则执行什么样的命令。潘云鹤就根据这个规则在计算机里建立了一个图案元素库，里面有各种画派的很多基本元素，还有一些构图规则和色彩规则，比如天是蓝的，草是绿的。那时候没有过渡色，只有单色的色块，五个色块就是五种颜色。按照"if ... then ..."语句，用不同的推理规则，从图案库中选择元素形成不同的图案，创作出意想不到的丰富而美丽的图案，生成速度非常快。用这个系统设计出的图案可以直接作为印染图案使用。这个系统叫作"智能模拟彩色平面美术图案创作系统"，做成的产品包括一台计算机和一个显示器，被上海和浙江的不少印染厂使用。早期的计算机内存只有几十KB（千字节），存储图案的一个软盘只有360KB。计算机发展水平提升之后，就需要新的画图软件了。

这套系统代表中国计算机的应用水平，参加了1985年在日本筑波举办的国际科技博览会。美国著名计算机科学家Herbert Simon（赫伯特·西蒙）教授参观后说："迄今为止，这是我见过的最激动人心的计算机美术研究。"1990年，项目的理论研究部分被列入"863"智能计算机项目。

就这样，我们在20世纪80年代初跑了很多国家部委，石油部、机械工业部、电子部、公安部、教育部、农业部、仪器仪表工业总局、国家科委、国家计委、国家经委，都去跑过。我和他们讲计算机可以做什么，他们很愿意接触新的东西，很愿意和我们聊，和我们说哪些问题需要解决，哪些方面需要研究，如果有些和我们的优势重合，就可以合作。聊着聊着，我们就和这些单位熟悉了，计算机系在各个方向上的应用项目也慢慢多起来了。

何志均老师有时候和我一起跑这些部委单位，一般走路或者坐公交车。有一次我们去国家科委的大规模集成电路和计算机办公室，这个办公室设在中南海里面，我记得那是我们第一次坐出租车。人工智能早期应用得比较好的是中国科学院合肥智能研究所，专门做土壤施肥的专家系统，一测土壤就能知道地里应该施什么肥，应用很广，这也说明当时专家系统是比较热门的。

我觉得，何老师培养人的观念最大的特点就是：放手。他不把学生局限在他的课题下做事，而是让学生们靠自己的本事去闯，去想自己的课题，发展自己的空间。第一批研究生全部独立后，他就开始抓下一批研究生的培养工作。潘云鹤做系主任之后，何老师就又张罗别的事，找一批年轻人和国外公司合作。

专家系统作为当时人工智能发展的主要方向，其中最重要的是建立规则库和知识库，这涉及大量的基础工作。何老师觉得每次都需要建一个数据库比较麻烦，就提出能不能做一个自动建规则库和知识库的通用工具，解决如何建立规则、如何存储知识的问题。何老师找来吴朝晖、童学军、杨涛研究这个很新的方向，后来还发表了两篇文章。这是国内研究人员第一次在国际人工智能会议这样的顶级会议上发表文章，我们计算机学院的人工智能专业也因此有了一些名气。

1981年第一批研究生毕业时，何老师为了加强师资力量，就想把他们全部留下来。但当时没有自由分配的概念，比如王申康过来之前在大庆油田工作，是石油部的，按规定，毕业之后要被分配到广东茂名的一家石油公司。其他人也有类似情况，要回到考研究生之前的单位或者分配到同系统的单位，高济回河北，朱淼良回湖北，孔繁胜回四川。何老师就给学校打报告，再由学校出面和对方单位不断地联系，说我们想要留下这个人，请对方放人，支持高等教育。为了给他们吃上"定心丸"，何老师又想办法把他们两地分居的家属一个一个也调了过来。这样，就把他们全部留下来了。

借款买VAX-11/785

20世纪80年代，何志均老师认为浙大计算机理论研究和教学在国内已走在前列了，但是计算机设备还不够，他希望装备要做到最新、最先进。他了解到国外计算机专业的顶尖高校比如伯克利、斯坦福等都有VAX-750、VAX-780来支持学生做实验，那时他一个执着的梦想就是实验室有一台VAX-780。一台VAX-780大概需要45万美元，我们每年的科研经费也只有几十万元，申请的国家自然科学基金大概2万元，要买一台这样的计算机是不太可能的。何老师想方设法把所有科研经费集中起来，先买一台小的计算机6800和VAX-2（当时大概两三万美元，还是可以支付的）。

1982 年，时任校长杨士林带着一批老师去天津商量校地合作，每个学院派出几位，我们系是何老师和我两个人。当时的天津市委书记是原来当过浙大校长的陈伟达，他很热情地接待我们。在陈伟达书记的直接参与下，天津市的相关行政部门与企业和浙大的相应系科探讨全面合作。我们和天津计算机公司对口合作，对方在了解了我们当时的几项科研成果，又到实地来参观后，向我们提出了希望成果转化落地的两个项目：一个是潘云鹤的图案设计，因为当时天津有地毯出口产业，潘云鹤的学生与天津方面的两个人一起做地毯的图案设计；另一个项目是和仪器仪表工业总局一起做的汽车点火研究，就是用计算机控制汽车提前点火，可以节油节能，仪器仪表工业总局把这作为一个大项目，给了十几万元科研经费。

当天津的领导问何老师"计算机系需要解决什么问题"时，何老师讲，"希望天津能提供经费，给浙大计算机系购买一台计算机，即 VAX-11/785 高档小型计算机"。VAX-11/785 当时的售价是 44 万美元，按照当时的汇率，大概是 179 万元人民币，而我们的工资才一个月几十元。在浙江大学和天津市政府签订的全面合作协议里，计算机系的两个项目列在其中，科技成果转让给天津，天津贷款100 万元给计算机系买计算机，经费由科研成果转让费偿还。我参与了合作协议的谈判，还建议在合同里补上一句"不足部分由学校负责"。100 万元很快转入了浙大，再经过多渠道的经费筹措，终于凑足 179 万元。我和郑纪蛟一起找中国银行外汇调剂部兑换了 44 万美元，终于买到了 VAX-11/785。

但后来我们的科研成果没有最终转化落地，也没有获得一分钱的转让费。一年多过去了，天津市要浙大偿还 100 万元的欠款。时任副校长胡建雄对我说，"上了你的当"，因为我补的那句话，这 100 万元就要学校出了。当时，我们买VAX-11/785 已经向学校借了钱，这下还要还天津的 100 万元。那时候学校也没钱，每个教师的工资只有五六十块钱，整个学校的工资也没有几百万元，如果再出 100 万元，学校就发不出工资了。从那时起，计算机系就背上了学校的债务，连续几年由计算机系的科研经费偿还。

虽然那时我们顶着巨大的压力，但是有了 VAX-11/785 计算机系统实验环境，我们系的科研和学科进入了高速发展期。1985 年，"七五"（1986—1990）攻关项目启动，机械部下属的很多大企业、研究所都有 VAX-785、VAX-735、VAX-725 等设备，机械部也想让这些机器发挥作用，就设立了用计算机辅助设计（computer aided design，CAD）做机械设计的课题，课题经费 300 万元，由教育部组织全国各个高校申报。那时候我在教育部科技司还有些熟人，他们让我整理了一份完整的整体规划。我又跑到负责这个项目的机械部计算机办，带去了我们做实验的照片，告诉他们浙大刚刚买进一台 VAX-11/785 计算机。他们很认可，后来这个课题就落到我们这里来了。最终，我们获得了 280 万元项目经费，这才把钱还给了学校。

董金祥

　　1964 年 9 月至 1969 年 7 月就读于浙江大学数学力学系应用力学专业。1972 年 3 月至 2009 年 6 月在浙江大学计算机学院（系）任教。

口述人：王申康

素不相识的老师给我回信

我从清华自动化专业本科毕业后到了大庆油田计算室工作，我们计算室有七八十个人，但我很快就成了骨干力量。大庆油田的机器是全国最先进的。石油是国家战略所需，国家一有先进的技术设备就往我们那里送。从分离元件的计算机，到集成电路的计算机，再到大规模集成电路的计算机，每一代计算机更新换代，我们这里都是最先用到的。比如，中国科学院造了最早的一台电子管的计算机，第二台就送到大庆油田。1978年，全国恢复研究生招生，当我提出想要报考研究生时，单位是不肯放的。当年，《人民日报》刊登了一篇社论，说企业不让人去读研究生是"压制人才"，"帽子"扣得挺大。我拿着那张报纸去找领导，他们为此专门开了会，讨论我的事情。后来书记对我说："我们同意你报考，但还是希望你不要报考。"还是有挽留的意思。

报考哪里呢？清华的老师动员我考回去，但我最终报考了浙大。因为我当时给浙大写过一封信，询问考研方面的情况，没想到很快收到了回信。回信的日子是4月24日，我印象特别深，回信人是何志均老师，我当时很激动，何老师与我素不相识，我在浙大也没有任何熟人，但是何老师马上就给我回信了。何老师在信里说，"电工基础"不考了，不用特别准备了，还强调基础知识要扎实。这封信我已经保存了几十年，现在已交给学院用于展览。看了信后我决定报考这个专业，我觉得这个老师和我心意相通。我的准考证上面写的专业就是"人工智

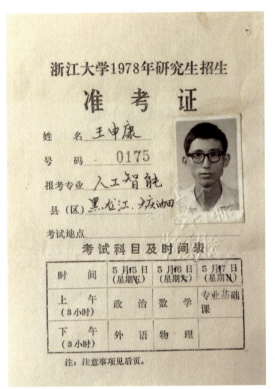

1978 年王申康报考浙江大学人工智能专业的
准考证

能",当时全国极少有学校是招这个专业的。浙江大学 1973 年就设立了计算机专业,而全国高校普及计算机专业差不多是 20 年以后了,可见何老师的远见。更有远见的是他看到了人工智能方向。到了浙大以后,我被何老师的人格魅力深深吸引了。

人工智能专业招生原来一共只有两个名额,后来由于报名踊跃,就扩招到了五个。我们五个人中有两个是清华的,一个是南开的,一个是同济的。我是五个人里面年龄最大的,所以他们都叫我"老大"。何老师和我的关系可以说情同父子,何老师带领我们搞人工智能,把我们每个人都"分配"在不同的领域,比如专家系统、模式识别、工业设计等。说实话,何老师那时对人工智能也是在探索,只不过是知道而已。我们的教材都是他从国外买的原版教材,前一天晚上他自己看,看完第二天来教我们,带我们一起研讨其中的问题。

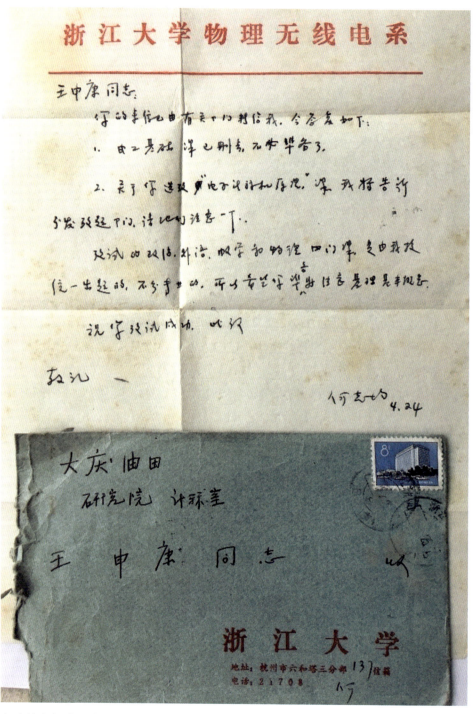

何志均老师的回信

刚到计算机系的时候，我听说整个系的科研经费只有 14 万元，而现在的规模有两个多亿，变化是翻天覆地的。"你们自己去找课题，找项目。"何老师教导我们，一定要把研究的东西用到生产中去。我当时做的是专家系统方向，何老师就把我派到农业部去找合作，研究怎样用人工智能的方法养蚕。农业生产上很多蚕的品种是从日本引进的，我们希望专家系统能模拟蚕的生长和育种过程，帮助培养优质的蚕和蚕丝。

我们五个人全部回来了，特别想做事，特别想"迸发"自己

我们这批研究生曾经都是很有理想的青年，可是被"文革"耽误，在社会上经过十年的磨炼，非常渴望读书，有强烈的想把事情做好的渴望。我本科时为什么要考清华大学自动化专业呢？因为这个专业实际上是为上天准备的。何老师利用我们有社会工作经验和学习热情的优势，把我们派到全国各地去找课题。那时候，我们研究生去国家部委只要凭介绍信就能进去了，这些单位还不像现在这样把守森严。我到过农业部、公安部等，也联系了不少地方。我们想狠狠抓住这次深造的机会，而且遇到了何老师这样的好老师，他放手让我们去做，项目也策划得非常好。去外地不论是谈项目还是参加学习班，我们都是背着被子去的，因为这样住招待所可以省钱。尽管条件很艰苦，但是大家都很高兴，大家都在朝着一个目标努力。

何志均老师是一个非常有人格魅力的人，他做事不是为了自己，他还有特别超前的思路，所以大家都愿意跟着他做事，他因此培养出了很厉害的学生。你说哪一位浙大的老师能够培养出三位院士、两位校长？几乎没有人能做到。他也没有写什么巨著或者文章，文章署名全部让学生的名字排在前面，他自己不挂名。他就这样把我们推到一线去，去做人工智能的探索者。我们出国深造后全部学成

回国，因为我们想着要报答国家对我们的培养，要报答何老师对我们的信任。我们知道何老师需要我们把这个系撑起来，不能辜负他。我一再说，我们已经埋没了十年，心里特别想做事，特别想"迸发"自己。

到了研究生毕业的时候，我的原单位要我回去工作。毕业时，我的档案就跑到石油部去了。石油部要把我派到深圳去开发新的油田，因为那时计算机方面的人才确实比较紧缺。这该怎么办好呢？何老师就通过学校给大庆油田写信，表示因工作需要，希望我留在浙大支持计算机系的发展。何老师还给石油部写了信，让我带到北京去。那时候环境相对比较宽松，我就想办法去了石油部，找到一位处长，把何老师的信拿给他看，把我自己的情况和他讲。他拿出了大学生分配的名册，找到我的名字说，那我就给你改改吧，还是回到浙大。回到浙大以后，我苦恼两个孩子的户口问题，何老师也想办法帮我解决。何老师是真的解决了我的问题。

人工智能，我的理解是软件中的软件。何老师给我们讲，人工智能就是一个知识的表达，怎么把知识表达出来，怎么理解知识，理解了以后才能执行。还有一句专家名言：人工智能就是 if 和 then 的组合。现在由于计算速度很快，内存大，所以问题能够得到理想的解决。回过头去看，我们当时做的东西还是有点太学究，想把事情做到完美。比如说车牌识别系统，有个老师的论文写的就是怎么识别 1 和 7，正确率能够达到 95% 以上，要做到完全的识别是很难的。如果放在有限的范围里面，事情可能会容易很多。但是我们追求完美，一心想着要先做到完美，再用到生产实际中去。

何老师有两件事情抓得最积极：买设备和买书。当时系里有一台 Cromemco 微型计算机（简称微机），内存才几十 KB，硬盘是几 MB（兆字节）。我们要自己建立堆栈，建立递归的机制，然后才能做人工智能研究。我们五个人轮番在这台机器上 24 小时做实验。实在没有机器，何老师就帮我们联系，到杭州丝绸工学院的计算机房去用电脑，每次去都要穿过稻田。现在想想挺有成就感的，用这么落后的计算机能做出东西、写出不错的论文，挺开心的。

那时候每个研究生都要到国外去学习先进的科学技术。何老师来找我，他说因为我是老大，就安排我最后一个出国。为什么呢？何老师说，可以把我的爱人先调到杭州来。他说："你有两个孩子，你把这事先解决了。"这样也是一种平衡。大家都有家属，为什么偏偏先解决王申康的事情？所以何老师在这方面非常体贴，得体地处理了这件事情。何老师教育我们既要人品好，又要学习好，还要业务好，这对我们日后的工作产生了很大的影响。1987 年，我去加拿大留学，那时候加拿大把绿卡悄悄发到留学生手里，我在加拿大的导师也希望我继续留下来把博士念完，但是我想我不能那么做，我心里惦记着何老师，坚决要回来。1989 年，我从加拿大回到了浙大。

第一个教学型教授

我当副系主任分管本科教学的时候，要求给学生发收音机组装套件，所有的学生必须学会组装收音机。这是基础。我在清华的成长经历告诉我，动手能力很重要。作为计算机系的学生，应该讲得出来一个键按下去，线路是怎么走的，电阻、电容之类的是怎么焊接的。清华计算机专业一年级的学生要学习车工、钳工的实际操作。

我在计算机系任教期间也培养了一批学生，翁恺是比较不错的一位。他能力很强，喜欢创新，本科时期就跟着我在实验室学习，我也像何老师一样放手让他去尝试。那时候我们和杭州市公安局合作，做出了杭州的第一张电子地图。实验需要一个大天线，翁恺就去买来，放在教学楼的屋顶上。我们还尝试做计算机智能教育，通过动画的形式来展示课程中的实验。我的想法就是，一定要结合实际去做。我们还做过盲人教育、儿童教育方面的辅助教育软件。

后来，我们还为学校其他专业开发计算机辅助教育软件。学校很重视，专门在第二教学大楼开辟了一个房间供我们搞开发。那时候黄达人任校长，我和他是同一年研究生毕业的。他说："老王你去做吧，超过清华就行！"除了空间，计算机等硬件设备也都配备好了。这可能是浙大第一个计算机辅助教育的实验室。

我是浙大第一个以教学业绩评上教授的老师。当时，虽然学校非常重视教育教学，但是真正评教授的时候，还是要看论文。评教授耗费了我很多精力。黄达人对我说："你安心教学，不要去搞论文了。我们设立一个教学型岗位的教授，你去申请好了。"现在，浙大已经有教学型的教授了，我是第一个有这个名头的老师。我觉得培养人才的价值是很大的，绝不亚于去争取个 1000 万元、2000 万元的课题，人才的价值是无法用科研经费来衡量的，这也是何老师给我们留下的影响。何老师自己没有写一本著作，也没有什么一等奖、二等奖，他觉得不需要，认为培养人是最重要的事。

我还把大庆精神融入了教学。在大庆的时候，我要求程序员上机要一次通过，这个标准是很难的。那时的"代码"是在纸带上打孔，程序员写好程序后交给打孔员，打孔员打出来后程序员拿去自己校对，如果少打一个洞，程序就会卡住，所以程序员必须要仔细核查纸带，检查无数遍以后，才能上我的机器来试，而且必须运行正常。我在浙大教书也这样要求，现在编程序也是这个道理，不能出错，要拼命去做、认真仔细地去做。

王申康

　　1978 年 8 月至 1981 年 6 月就读于浙江大学计算机系人工智能专业。1981 年至 2008 年 12 月在浙江大学计算机学院（系）任教。

口述人：朱淼良

让计算机"聪明一点"

我原来是武汉钢铁公司的一名职工，当时钢铁厂里已经开始通过计算机自动控制钢铁生产线，我因此接触到了计算机这个新领域。有一次在武钢的资料室，我看到了一则讲斯坦福大学做机械手研究的新闻报道，里面出现了"人工智能"这个词。

1978年，浙大计算机系正式成立，我是第一批招收的五名人工智能专业研究生之一。当时，全国计算机方向研究最成熟的是清华大学。何志均老师提出创办"人工智能"专业，这在当时是非常超前的，具有战略前瞻性。考上研究生后，我有一次问何老师，什么是人工智能。何老师笑笑说，人工智能就是让计算机变得"聪明一点"，这就是我们五个人对人工智能的最早理解了。何老师曾坦言，虽然他提出招收人工智能方向的研究生，但是对人工智能的具体内涵还不甚清楚，只是知道这是国际上最先进的方向。他了解到，斯坦福、麻省理工等世界顶尖学府已经开始研究人工智能。所以，我们刚开始上课时，使用的教材就是麻省理工学院（MIT）的人工智能教材，但是其实那时候国外对人工智能也没有一个明确的定义。

到我读研的第三年，国内许多高校和机构也逐步开展人工智能的研究和人才培养。临近毕业时，我们五个人的研究方向几乎与国际最前沿的方向是同步的。

对于毕业设计的选题，三人选择了专家系统，这是人工智能的主流方向。我和潘云鹤都有些许美术功底，就选择了图像处理和图形学。简单来说，图像处理就是把现有的图像放在计算机上进行数字化处理，当时我做的就是指纹图像的识别。

人工智能专业起步时几乎没有研究经费，何老师就带着我们去全国各地找项目。有一年，何老师带着我们到北京跑项目，住在中国科学院的招待所。我们拿着一叠空白的介绍信，跑了很多国家部委。我和高济一组，去了公安部，向他们介绍，人工智能图像处理可以像计算机识别阿拉伯数字一样识别指纹；还有一次是去国家海洋局，他们请我们讲了有关人工智能的应用，我们说可以用计算机来分析卫星遥感照片。我们在北京待了半个多月，但是很遗憾，最后没拿到项目。另外，我们还去了浙江省农科院，但是他们没有课题经费，只表示愿意跟我们合作搞科研。

"扫地出门" 战略

我曾亲耳听何志均老师讲他培养人才的一条经验是：一旦条件成熟，就把学生"扫地出门"。他语出惊人，我们很有感受。有一年，何老师带头争取到一个200万元的国家级课题，我很高兴，以为可以在何老师的带领下一展宏图，但是何老师托董金祥老师告诉我，项目组中没有我，也没有我们几位留校的同窗。这意味着我们要离开何老师的团队独立进行学术研究了。我们懂得何老师的用心，他希望我们能够继续开拓，打出新的地盘。我的第一笔经费来自上海的项目，大概1万元。有了项目经费的支持，出差的时候就可以买火车卧铺票了。我的第二个横向课题是跟陈纯一起做的，主要与江汉油田合作，做地下断层的图像识别和图像处理。当时，4万元的研究经费不是一笔小数目，我们用了五六年还用不完。后来得知装电话可以用横向经费，我和陈纯就各装了一部电话，才用完了这笔经费。就这样，我们逐步申请到国家自然科学基金、国家科技攻关项目、国家高技术研究发展计划（863 计划）项目、国家科技重大攻关项目，打开了局面，拓展了新领域。回想起来，何老师战略高明，我们受益无穷。

第一辆无人车

1986 年在美国做访问学者的时候，我的指导老师是 Azriel Rosenfeld（阿兹瑞尔·罗森菲尔特），他是计算机视觉和图像处理领域的鼻祖。我经常看到他们在做"计算机道路识别"的项目，这是美国国家计算战略项目"自主式地面车辆系统"的一个课题，我很感兴趣。回国之后，我向南京理工大学的杨静宇教授表达了这方面的研究兴趣，我们一拍即合。1987 年，浙大、清华、国防科大、北理工、南理工和哈工大的几位老师一起向国防科工委建议，希望我们国家能考虑研究无人车技术。国防科工委十分重视，让我们给他们科普什么是人工智能，什么是模式识别。前期建议和材料准备差不多花了三年时间。1990 年，无人车项目正式立项了。这个项目由五所学校联合攻关，我负责系统总体体系结构设计，任总设组组长，由此也开启了长达 20 年的智能机器人方面的研究。

项目的第一辆试验车就是清华大学的一辆面包车。这辆车造价不菲，车上安装了很多大大小小的计算机控制器、摄像头，还有浙大光电系设计的激光雷达。1994 年 6 月，我们在清华大学主楼前的广场上调试我国第一辆自主式无人车。那天早上，清华大学计算机系系主任还和我们聊起浙大人工智能研究所，十分敬佩地说："何志均教授培育了如此多的人才，真是功德无量。"实验前，我和一个学生先在车里调好设备，车一启动，我们就迅速跳下车。实验车整个路程顺利运行，自主巡路、规划路网、绕过障碍，然后到达目标。正当我们拍手欢呼时，突然意识到忘记设置停止命令了，我们紧张地追在车子后面跑，还好车开上了一个二层平台，速度慢下来，我们才得以手动停止了这次实验。原来它自动找到上二楼的匝道，自主地爬了上去。我们都很开心，因为这证明我们的系统已经能实现智能化了。

那一年的秋天，北理工的项目试验车也改造好了，调试工作正好在冬天，场地在北京南口的车辆试验场，正处于风口，设备常常因为气温过低而"罢工"。一次实验的前一天，结结实实下了一场大雪。我们所有科研人员都去扫雪，但毕竟大家体力活干不利索，最后动员了附近的乡民才把积雪清理干净。在大家的努力下，整个项目顺利完成了。这次实验的成功，让无人车项目得到了国家持续的支持，为我国国防科研打开了新的战略性方向，连续立项四个五年计划，一共20年。浙大人工智能始终是项目的核心力量。虽然我没有组织大部队攻关，但是智能机器人无人车技术成了我们研究所的特色方向，在国内占据一席之地，在国际上发表了高水平的文章。这个方向培养出来的青年才俊，也大多成为智能领域的国家栋梁。

朱淼良

    1978 年 10 月至 1981 年 12 月就读于浙江大学计算机系计算机应用专业。1981 年 12 月至 2009 年 9 月在浙江大学计算机学院（系）任教。

口述人：高济

考研的卷子寄到了邢台市

我考研时原来打算报考中国科学院的核物理专业，后来我姐姐告诉我浙大也在招收研究生，我就改变了想法。我是南方人，杭州气候宜人，适宜居住，我尝试着报考了浙大。一开始考虑到专业不符，没想报人工智能专业。后来我了解到，人工智能专业的导师何志均老师想要招收大学本科时学习无线电或计算机方向的学生。我当时在河北省地震局邢台站工作，学习过电子线路设计，当时国内研究计算机的只有清华和浙大等少数大学，心动之余觉得自己还有点优势，就决定报考何老师的研究生了。

初试的时候我没有到杭州，浙大把卷子寄到了邢台市。复试的时候我才到杭州，记得教室里共有九个人，但对外的招生名额只有两个。由于生源好，何老师后来去申请把名额扩大到了五个。被录取的五个学生都非常优秀，两个是清华本科毕业的，其余的都是重点大学毕业的。我的物理、数学、外语都在 80 分以上，但专业课不及格，据说何老师更看重基础，这样我们五个人就成了何老师的开门弟子。当时，欧美计算机学科已经步入了快速发展的轨道，人工智能自 1956 年诞生以来，经历了 5 年的形成期和 17 年的成长期，蓄势待发，正处于第一波发展浪潮出现的前期。我们当时的学习十分艰难，幸亏我们五个同学都很刻苦，住在同一个宿舍，经常交流探讨，终于融会贯通。

五个人24小时轮班用一台微机

搞计算机和人工智能研究，离不开计算机设备，但是新成立的浙大计算机系一穷二白，我们只能去学校计算中心甚至杭州汽轮机厂用计算机，汽轮机厂是杭州少数有计算机的企业之一。有一年，何老师随校党委书记、校长前往欧洲和美国考察，何老师和代表团成员用省下来的一笔钱，买了一台很小的计算机，Cromemco 微机。之前，国内自研的计算机都不是很规范，而买回来的机器有键盘、有图像，非常"像样"。在何老师的争取下，这台微机到了计算机系，成为系里唯一的计算机设备。这台 Cromemco 的到来，解决了系里的燃眉之急。我们五个人做毕业课题时，正好用上。何老师立即下令，这台机器由我们五个人优先使用，上机时间按 24 小时轮班分配。但即使如此，也不够用。当时机械系机房里面还有两台电脑，何老师就提议，以合作的名义去使用机械系的设备。可以说，浙江大学能在国内较早拿出人工智能领域的成果，与何老师把这台微机争取到系里是分不开的。做毕业课题非常艰苦，我和潘云鹤两个人轮班，工作起来都是通宵达旦，前后经历了 20 多个日夜。好在当时年轻，我们的身体和精神都比较好。最后论文出来，我们都很开心。

毕业留校后，我琢磨能不能在地质勘探方面也搞一个专家系统，我就去学习了一些地质勘探方面的基础知识，同时联系了地质系研究钨矿的柳志清老师，然后与何老师商量了一下，决定申报国家自然科学基金。1984 年申请到基金后，我们就开始着手研究，算是国内比较早的专家系统研究了。1985 年底，南京召开全国人工智能的会议，我们的论文获得了会议论文一等奖。我当时出国进修，何老师的一个学生去南京参会，还领回了一个钟作为奖品，这个钟我一直保留到现在。由于取得了不少初步研究成果，到 1987 年，浙大的人工智能研究在国内已经小有名气了。

1985 年全国人工智能会议论文一等奖奖品

　　研究生毕业后，我们五个都先后出国进修。考虑到毕业时何老师为我们提供的留校机会非常不容易，而且浙江大学的学术氛围和科研环境很好，何老师又对我们的科研和生活十分关心，我们五个都及时回到浙江大学继续研究工作。回国后在何老师的指导和支持下，我先后申请到国家自然科学基金项目 6 项，国家高技术研究发展计划（863 计划）项目 8 项，以及国家重点基础研究发展计划（973 计划）项目子课题 1 项，为学院科研的发展做出了自己的贡献。

高济

　　1978 年 10 月至 1981 年 10 月就读于浙江大学计算机系人工智能专业。1981 年 10 月至 2009 年 7 月在浙江大学计算机学院（系）任教。

口述人：孔繁胜

招生目录里，我一眼就看到了"人工智能"

1968年，我本科从清华大学数力系的一般力学专业毕业，被分配到电子工业部位于四川广元的081基地工作。人事干部可能觉得专业名称里的"一般"是"普通"的意思，就让我从最普通的工作做起。在机械加工车间的几个月里，我对机械加工的车、钳、铣、刨、磨、镗等各种工艺有了初步了解。现在想起来，在机械车间的几个月会成为我人生的一个重要节点，接触机械制造，成为我日后报考浙大计算机系研究生的一个重要机会。

其实，"一般力学"专业是1958年清华大学做国防项目时设立的，主要研究高速飞行器在空中的稳定性问题。一位老厂长了解到这个背景后，和人事处提议，把我调到了工厂内的总装车间。我在厂里待了差不多八年，参加了电液伺服阀、电影放映机等研发项目。

转折发生在1975年。当时，计算机技术开始向小型化和微型化发展，我国最早设立计算机专业的清华大学模仿美国的NOVA 1200研制了DJS-130计算机，第一台样机被卖给中国科学院物理所。电子工业部有人提出了"计算机数控镗铣床"攻关项目，组织我所在的4170厂、华中科技大学的电子教研室和北京第二机床厂联合攻关，使用的平台就是第二台DJS-130样机。考虑到我的专业是数学，与"计算"有关，又接触过镗铣床工艺，很快就把我确定为项目组主要成员。

工作正式开展之前，我们被派到清华计算机系学习，主要的学习方式是旁听课程、买书自学。

1978 年，国家恢复研究生招生。我骑自行车翻了十几里的山路到县城去看招生资料。一路上我十分纠结：到底考什么专业？如果考计算机的话，我是非常喜欢的，但半路出家，基础太差，考专业课会吃亏；但是相对于比较有把握的力学系，我还是心仪计算机。在一大堆招生目录中，我一眼看到了浙江大学何志均老师开设的"人工智能"专业。我想起本科时很喜欢的一本书，由美国学者维纳写的《控制论》，书的副标题叫作"或关于在动物和机器中控制和通信的科学"，书中提到过"智能"这个词。我隐约感觉到人工智能应该是很有前途的，就报考了浙大"人工智能"专业。当时，全国仅有浙江大学和吉林大学等极少数高校开设"人工智能"专业。

选择何老师作为研究生导师成了我人生道路上的一个重要节点，我现在虽然已退休多年，回忆往事仍然感到十分庆幸。正式开学是 1978 年 10 月 5 日，我们第一批的五名研究生被分到了一个大宿舍，在这个宿舍一起住了三年时间。当时有关人工智能的教材很少，何老师选了 MIT 的一本教材，实际上有点像学术著作。上这门课的时候我们很紧张，大家都赶着在老师擦黑板之前做完笔记。下课后我们几个人都会对一下笔记，检查有没有抄错、抄漏。这门课过后，就明显感觉到看原版教材没有原来那么吃力了。

做国计民生的课题，吃过很多闭门羹

做毕业设计的阶段，何老师主张要在国计民生急需的方向上找课题，这句话说起来容易，做起来难。董金祥老师带着我们几个研究生到处跑课题，吃过很多闭门羹。有一次我们去了中国农业科学院科研处，接待的同志听说我们是学计算机的，就说你们走错地方了，中国科学院计算所在中关村，这里是魏公村，中国农业科学院。但是没想到，一年以后我又回到了这里，并在种质资源数据库方面工作到退休。

当时，我们承担的省科委的"计算机水稻品质资源数据库"进行结题鉴定，鉴定会组长是中国农业科学院品质所张主任，她看到我们在一张5英寸软盘上存放了2000多份水稻品质资源数据，非常惊讶，立即与何老师签约，要浙大协助建立计算机国家品质资源数据库。事后她告诉我，他们曾经与中国科学院计算所合作开发过类似的系统，但一张软盘只能存放30多份数据，无法使用。很快，何老师决定，由我带队去北京工作。这是我们第一次与农科院合作，一直到我退休，每年我都会带学生到农科院开发项目。

1984年，我获得了教育部的留学基金，到美国佛罗里达大学的信息中心做访问学者。1987年回国时，杭州第一家五星级宾馆黄龙饭店正在建设中，他们花80万元买了一套国外的宾馆管理软件。何老师说："我们中国人聪明，软件开发能力是世界一流的，我们不能看着国家稀缺的外汇资源用来进口软件。"于是，他要求我们把宾馆管理软件啃下来，自己做。

20世纪80年代中期，杭州的高档宾馆都是合资的，要推进这件事困难重重。记得黄龙饭店的计算室主任问我们懂不懂宾馆管理，我说我们不懂但是可以学习。他说他是学习了两年才来管理宾馆的，我们还什么都不会，怎么就来做计算机宾馆管理了。总之，我们到处吃闭门羹，没有宾馆愿意和我们合作，接触不到宾馆的内部管理细节，我们连方案都写不出来。但何老师没有气馁，通过各种渠道联系宾馆。功夫不负有心人，原来在我们系工作的祝王飞老师联系何老师，他所在的深圳一家软件公司与首都宾馆和东方饭店签下了软件开发协议，但苦于开发力量不足，希望浙大计算机系能参与开发。在何老师的努力下，浙大计算机系的开发队伍与祝老师带领的深圳公司的开发人员，共同进驻北京东方饭店，经过几个月的日夜奋战，顺利开发了国内领先的网络版计算机宾馆管理系统。为了这个项目，研发团队在宾馆里待了三四个月，因为住宿的费用很贵，我们就打地铺。能够拿到这个项目已经很开心了，其他的都不是问题。这个项目给宾馆开发组带来了很大的信心。回来以后，何老师表示，我们要把杭州的国际宾馆的项目都跑下来。当时何老师都 70 岁了，还带领我们去投标，尽心尽力为浙大计算机系谋发展。后来，从这支队伍出来的几个学生开了一家西湖软件公司，把国内基本上 50% 的宾馆项目都接了下来，国外的宾馆管理软件在中国就没有市场了。

孔繁胜

1978 年 10 月至 1981 年 10 月就读于浙江大学计算机系计算机应用专业。1981 年 11 月至 2009 年在浙江大学计算机学院（系）任教。

二、杭大计算机系，
"弄潮"在时代前沿

1984 年，国家处于信息化发展的初期，杭州大学汇集物理系和数学系师资力量成立了计算机科学系；1994 年，为了集中力量办大事，又联合学校地理信息系统重点实验室和优化与决策研究所成立了全国首个计算机学院；1998 年四校合并后，杭州大学计算机学院并入浙江大学计算机科学与工程学系。

在办学历程中，杭州大学计算机学科始终与时代的发展同频共振。从 1968 年维护并使用第一代 M103 电子管计算机进行核潜艇工程压缩机叶片设计，到 1969 年利用微波技术将北京广播电视传送到杭州并为新中国成立 20 周年献礼，从 1990 年为解决浙江省计算机专业停招危机奔走呼告，到 1994 年获批千万级综合性信息化项目并成功研制国内外领先的报社综合信息管理系统，杭州大学计算机学科发展始终秉承"学以致用"原则，与国家需求和社会经济发展脉搏紧密相连。

以"培养综合型、实践型人才"为目标，杭州大学计算机学科为学术界、企业界输送了一大批优秀的创新人才。在学生培养中，杭州大学计算机学科不仅注重本科生科研能力培养，还鼓励学生德智体美劳全面发展，学科教师采用英文原版教材开设双语课程，孜孜不倦育人，严抓学风建设；在社会服务中，计算机学院创始院长张森联合多位专家向浙江省政府呼吁加速发展浙江电子信息产业，并成立浙江省计算机应用与教育学会……他们的不懈努力推动着浙江省乃至全国的信息产业发展浪潮滚滚向前。

　　1984 年，杭州大学计算机科学系成立；1994 年，杭州大学成立全国首个计算机学院；1998 年四校合并后，杭州大学计算机学院并入浙江大学计算机科学与工程学系，培养了一大批综合型、应用型人才。

杭州大学计算机学院 1995 届研究生毕业合影

口述人：张森

缘起计算机"黄埔军校"

20世纪50年代初期，毛主席提出中国要自主研发原子弹、导弹和计算机。但在当时的中国，没有专家造过原子弹和导弹，更没有人涉足过计算机领域，当时国家紧缺的就是钱和人才。基于这种现状，国家决定沿用黄埔军校的培养模式——把全国大学、中国科学院的知识分子召集起来，安排在中国科学院计算所集中培训。培训班分为三个组别，即原子弹、导弹和计算机，共开设三期（1956年、1957年和1958年），我被选中在1958年（又称"黄埔三期"）参加培训。当年，浙江省只派出了我一名大学生，我刚在杭州大学物理系上完大三课程。

当时中国科学院浙江分院推荐我去参加计算机培训班。刚听到消息时我感到很诧异，同学们也感到很惊讶。直到后来，我才知道学校为什么派我去参加。主要是三个原因：第一，当时我所有的课程成绩都是5分（最高分）；第二，我的家庭没有严重问题，并且没有海外关系；第三，我是共产党员。我是1956年入党的，也是在那一年，毛主席提出全国要向科学进军。

去北京培训时正值夏天，我21岁，是培训班里年龄最小的一个。跟我同一届的还有年纪相仿的来自北大数学系的王选和中电52所所长郑振华等。"学好数理化，走遍天下都不怕"是那个年代的流行语，因此，成绩好的学生都选择数学或物理专业。我大学时期学的是物理专业，对计算机学科是完全陌生的。但物理和数学专业知识为我学习计算机打下了良好基础。

培训班课程除基础课外主要包括"计算机组成"课程，涉及运算器、存储器、电源、外部设备等。大部分主讲老师还没有计算机研发经验。1958 年 8 月 1 日，国家宣布"八一"型通用电子管计算机（即 M103，又称 103 机）研制成功，听到这个消息，大家都非常振奋。

由于国家经费有限，我参加的"黄埔三期"成了最后一届，一年后培训计划就遗憾终止。起初，我被分配留在北京的中国科学院，但由于生活习惯的原因，我还是选择回到杭州大学物理系，在无线电专业任教。

回校后，学校有意送我去苏联留学。留学计划上报教育部后，教育部反馈只能出国攻读研究生学位，不能仅以访问学者身份出国留学。留苏未成，我便到北大访问交流，在无线电波谱学教研组研究微波技术（也就是现在推行的 5G、6G 所用的微波通信技术），与后来的北大常务副校长王义遒教授共事，在那里度过了两年多的时光。

从北大回来后，我开始进一步研究微波技术并开设课程。1969 年，浙江省政府交给我一项重大科研任务：把北京的广播电视通过微波中继站传送到杭州，献礼新中国成立 20 周年。在浙江省革命委员会主任的领导下，我顺利地完成了任务。来自浙江省各高等院校和研究单位的 30 多名专家、学者参加了会展。完成任务后，我作为项目组组长，有幸被邀请在国庆大典主席台上观礼。

20 世纪 70 年代后期，我开始从事三维 X 光伪彩色显示课题攻关，研究通过 X 光照射获得人体立体彩色成像。这项研究在国际上首次解决了两大问题：一是人体立体成像；二是定量计算三维图像深度值公式的首次提出。相关研究成果形成了两篇论文，分别发表在《中国科学》和美国 SCI 期刊 *Medical Physics*。最初我发给美国杂志社的论文题目为"三维 X 光彩色显示的研究"，经过美国专家评审后，杂志社建议把题目改为"三维 X 光显示的最新进展"，并将文章评选为封面论文（leading paper），在杂志封面刊登了研究成果的彩色照片。1985 年，凭借该研究成果，我获得了浙江省自然科学优秀论文奖一等奖和科学技术进步奖一等奖，还破格晋升了教授，并获浙江省突出贡献专家称号。

集中力量成立全国首个计算机学院

1978 年，浙江大学计算机科学与工程学系成立，杭州大学也加速了建立计算机系的进程。时任杭州大学科研处处长薛艳庄的先生正是浙大计算机系系主任何志均教授。因为我是最早一批接受计算机专业培训的教师之一，回到杭大后又一直在物理系从事无线电方向研究，且当时也已上过一些计算机课程，薛老师向我提议成立杭州大学计算机系，这个工作立马确定了下来。

成立之初，杭大计算机系汇聚了物理系无线电专业、数学系计算数学专业以及学校计算中心的师资和学生。主要开设两个研究方向：图像处理和信息管理系统。20 世纪 80 年代，国家正处于信息化建设初期，科研的主要力量都投入信息处理系统研究。我和陈根才老师组建团队，积极争取科研课题。经过全国性激烈竞争，我们成功争取到一个大的项目——"浙江日报综合信息管理系统"，获得了 1000 多万元经费。在这个项目中，我们采用了许多国际前沿技术，取得了一些关键技术突破，研发的系统达到了国内外领先水平，并在全国范围内逐步推广应用。相关科研成果获得浙江省科学技术进步奖二等奖、浙江省教委科学技术进步奖一等奖。

1993 年，为了汇聚学校的办学力量，优化利用资源，我们将杭大计算机系、地理信息系统（GIS）重点实验室和优化与决策研究所三个系级单位合并。因为地理信息系统本质上是利用计算机进行地理数据和图像处理，优化与决策研究所主要研究方向是数据统计，这三个单位实际上都是在从事计算机相关领域研究，

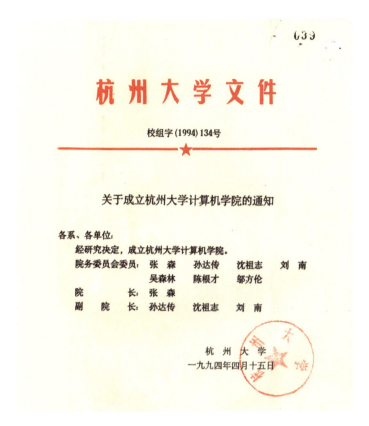

杭州大学计算机学院
成立文件（1994）

三者合并后成立计算机学院，由此杭州大学计算机学院于 1994 年 4 月正式成立。

与后续许多其他高校直接将计算机系更名为计算机学院不同，杭州大学计算机学院是由三个系合并而成立的学院，它是目前为止有记载的全国首个计算机学院，我也有幸担任了杭大计算机学院的首任院长。

杭大将计算机系发展成计算机学院的根本目的，就是协同多方创新力量，为学科发展服务。计算机学院成立后，学院拥有了信息管理系统、图像处理、地理信息系统、优化与决策四大研究方向，科研水平有了实质性提高。

为了进一步推动跨学科合作，集中力量办大事，杭州大学还整合了计算机系、心理系和数学系，成立了软件工程中心。软件工程中心成立时得到了浙江省领导的高度重视，时任省长沈祖伦、副省长吴敏达以及发改委、科技厅、教育厅领导都出席了成立大会。软件工程中心成立不久后四校合并，因此没有延续下去。

1978 年国家恢复研究生招生，当时杭大计算机系还未成立，因此还未具备计算机方向研究生招生点。浙江省共招收了八名计算机方向硕士生，包括潘云鹤院士在内的五名学生招收在浙大计算机系何志均教授名下，其余三名学生是以光学专业招收在杭大。杭大的三位研究生也都很优秀，毕业后，一位担任汕头大学副校长，一位去田纳西州大学读博，还有一位现在在一所美国高校担任终身教授。

杭大计算机系毕业生中涌现了一批学术界、产业界创新人才。中国科学院大学杭州高等研究院院长王建宇院士（毕业于杭州大学物理系）就是其中之一。我曾受邀担任一个全国性学术大会主席，王建宇院士作为大会嘉宾出席。他看到我时立马热情地和我打招呼，并和我拥抱。"张老师，我是杭大 1982 年的毕业生，我的毕业设计就是您指导的，毕业几十年来我都非常想念您。"他激动地和我说。我感到非常欣慰，当时他的毕业设计选题是电子计算机断层扫描（CT）设计，难度非常大，但他说，这次毕业设计成了他一生科研事业的启蒙。除王建宇院士外，杭州大学计算机系的优秀校友还包括 1990 届毕业生钟绍军（现任中央军委办公厅主任）、硕士生校友许斌（现任中国船舶 704 所党委书记、副所长），还有众多教授和企业领袖等。

加速发展浙江电子信息产业的建议

我国的计算机研究在 20 世纪 80 年代已经非常活跃，但因为计算机产业还未兴起，还缺乏专业的计算机应用场景，学生的毕业分配就成了问题。

1990 年浙江省教委发布通知，因为毕业生就业困难，从 1991 级开始停止招收计算机本科专业，除三个贫困县外，杭州、宁波等城市一律停止招生。这个消息被新华社记者得知后马上联系了我。我立即向分管教育的省委副书记刘枫反映，

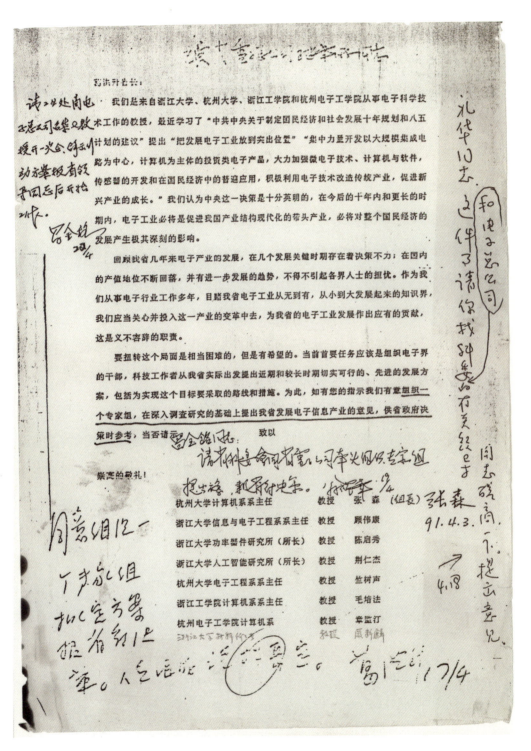

《加速发展浙江电子信息产业的若干建议》报告文件

并向他陈述了两个不能停止招生的理由：第一，目前计算机人才在国外非常抢手，在美国，一个专业的计算机人才走在路上，可能马上就会被猎头盯上，美国的今天就是我们中国的明天；第二，如果我们现在停止招生，四年后浙江将没有计算机专业毕业生，这将危害我们国家整个计算机产业的发展，代价将是巨大的。刘枫副书记听毕，立即给教育厅厅长打电话，教育厅厅长当场同意恢复招生。但等他回去后也犯了难，因为停招通知已经下发到各个县市，学生的志愿也都已填好，只得一个个打电话通知所有县市进行补充招生，最终解决了停招的危机。

浙江省电子工业局局长（浙大 1967 届毕业生）曾联系我，告诉我电子工业局发展很困难、缺乏经费，省里也还未拨款。他希望我来牵头省里的计算机专家，集中给省长提建议，说明电子工业发展的重要性。我觉得这个事情非常有意义，于是联合了八位教授，包括时任浙大副校长顾伟康、中国科学院院士阙端麟等，由我担任组长、阙端麟院士任副组长，联合其他教授一并向省里提交了一份《加速发展浙江电子信息产业的若干建议》报告。

时任省长葛洪升非常重视，他让省科委协助我们提出更为详细的方案。最终，浙江省决定下拨 1 亿元经费，以每年 1000 万元、共计 10 年的形式拨付给电子工业局。因为有了经费支持，原居全国第十的浙江省电子工业在 2000 年时快速跃升至全国第四位，并一直保持至今。这一事件被称为"八教授建议"，后来也被写进了《浙江志》。

张森

1955 年至 1959 年就读于杭州大学物理系。1959 年至 1999 年先后在杭州大学物理系、计算机学院（系）及浙江大学计算机系任教。

口述人：顾根青

　　我之前在物理系教授电子技术课程，因为具备电子电路专业背景，张森老师就邀请我加入计算机系，转系的过程也很顺利。这些年来我一直与张森老师共事，他看问题有远见卓识、思路清晰，在关键时刻能果断做出准确判断。许多大的科研项目没有张老师牵头，可能都无法完成，杭州大学计算机系的发展离不开张森老师。

浙江省计算机应用与教育学会成立20周年庆祝活动（2012）

创立浙江省计算机应用与教育学会

张森老师致力于集合学术界和产业界力量推动浙江省信息产业的发展。他牵头创建了浙江省计算机应用与教育学会。学会由张老师担任理事长，俞瑞钊教授、王申康教授和信息产业厅副厅长等担任副理事长，我担任秘书长，汇聚了一批浙江省计算机专业人才，并引进了部分知名企业，从而促进产学研深度融合。近20年来，学会积极结合产业发展需求，向地方政府提供政策建议，也培育了一批引领产业发展的上市公司，对浙江省计算机产业的发展产生了持续而深远的影响。

顾根青

1964年至1969年就读于杭州大学物理系无线电专业。1969年至2005年先后在杭州大学物理系、计算机学院（系）及浙江大学计算机学院（系）任教。

口述人：季江民

我们四个学生联合向学校"请愿"转入计算机系

1982 年，我入学杭大时就读的专业是"计算数学及其计算机应用软件"，培养方案中，约 1/3 是数学基础课程（如数学分析、高等代数、空间解析几何、微分方程、概率统计、数值逼近、数值代数等），1/3 是计算机科学与技术专业课程，剩余 1/3 是通识课。

在大二上学期（1983 年下半年），Fortran 语言任课教师郑士明教授告知我们，学校要成立计算机系，计算数学专业的学生会转入计算机系，全班同学听后都非常兴奋。1984 年上半年，我们又听到消息说不转系了。当时我是班长，于是我和 1982 级团支部书记一起联络 1983 级班长和团支部书记，四个人一起向学校领导反映同学们希望转入计算机系的强烈呼声。终于，1984 年上半年，学校确定将计算数学 1982 级（40 人）、1983 级（36 人）学生转入计算机系"计算机应用"专业。由于师资、实验设备筹备的原因，1985 年 2 月，1982 级、1983 级学生才正式转入计算机系。计算机系于 1984 年开始招生，第一批招收约 50 名学生。

转入计算机系后，我担任了计算机系第一任学生会主席。当时学生会设有学习部、体育部、文艺部、生活部四个部门。体育部和文艺部工作多、任务重，主要负责组织系里各种活动、参与学校文体比赛等。刚刚改革开放，学校里各种文艺、体育活动百花齐放，学生生活丰富多彩。学习部主要工作是帮助学生提高学

杭州大学计算机系首届 1982 级本科生毕业照

习成绩，组织参与百科知识竞赛等。生活部主要负责检查和保障寝室卫生纪律。学生会还主办了一个《计算机时代》期刊，每月刊发一期。在没有互联网的时代，计算机专业信息获取很困难，我们就在这个期刊上刊发计算机知识和新闻，当时刊物都是刻出来后油印的。

1985 级计算机系入校后，系里学生总共大概 180 人。当时全校有 13 个系，共计 5000 名左右学生，计算机系在全校是学生人数最少的，但学生参加各类活动比赛，如校田径比赛、足球比赛（曾获振兴杯全校冠军）等，都取得了很好的成绩。我们计算机系人很少但还取得这么好的成绩的原因，我觉得可以归纳为两个字：团结。

计算机系团总支设组织部和宣传部，组织部负责团费收缴，宣传部负责设计黑板报。团总支书记由老师担任，分管团员工作、学生会及各类活动等，管理体制与现在相仿。

1986年，我毕业后留校工作，是第一批计算机系自主培养且留校工作的学生。1987年学校规定，教学科研岗位的新分配教师必须具备硕士以上学位，所以我和另外一位同学卓均飞是本系仅有的以本科生身份毕业留校并担任教学科研岗位的老师。留校后我开始承担助教工作，并担任了两年团总支书记及班主任。

我担任团总支书记的主要任务是开展学生工作，相当于辅导员。当时我与学生以兄弟、兄妹相称，同学们都亲切地叫我老季。我的工作方法是重点抓牢学生干部，如1984级郑金田（学生会文艺部长）、1985级王金武（系学生会主席）、1986级钟绍军（校学生会主席）、1986级范顺斌（系学生会主席）等。他们长期住在我宿舍，与我同吃同住；我与他们建立了深厚的感情，这些学生毕业后也成为社会的中坚力量。

我的作业被抄了，被孙老师叫去谈话

杭大计算机系1984年成立"计算机应用"专业，1988年招收计算机应用师资班，为浙江省培养计算机专任教师，1993年成立"计算机软件"专业，招收第一批学生。经过广大师生多年的团结奋斗，杭大计算机系实现了从"0"到"1"的飞跃。

建系初期的重点工作是开设好本科生与研究生课程，搭建各课程的实验平台。教师的科研大多是计算机应用方面的项目，以横向课题为主，最有影响力的是1994年浙江日报的项目。当时因为国家经费有限，所以纵向项目比较少，老师们主要做应用类项目。

计算机系成立之初，除行政人员外，教学科研的教师主要来自数学系和物理系，他们以前主要从事计算机应用教学与研究，数学系老师研究软件，物理系老师研究硬件，年龄在 40 和 50 岁之间。这些老师都不是科班出身，大多没有系统学过计算机专业课程，为了备课，他们都付出了巨大的心血，但他们把本科生计算机专业课都开设出来了。这些老师边学边教，有部分老师先到浙大计算机系听课，学习消化后再给我们讲课。他们开设的课程有程序设计（Fortran 语言、汇编语言）、离散数学、数据结构、数字逻辑、计算机组成、操作系统、编译原理、数据库原理等，那时还没有计算机网络，后来陆续开设了软件工程、计算机图形学等课程。研究生课程主要包括图像处理、计算机图形学、模式识别、人工智能等，我作为助教，对研究生的计算机图形学课程进行上机实验辅导。

老师们都非常敬业、认真负责，对学生们非常好。我印象最深的是孙达传老师。孙老师给我们上编译原理、汇编语言两门课，他备课很认真，讲课逻辑清楚，深受同学欢迎。我记得编译原理课上，有部分同学抄作业和程序代码，孙老师非常负责地把学生叫过去，一个个单独谈话。我的编程作业被抄了，也被孙老师叫去谈话。当时编程代码都是写在作业本上，从本子里看出两个人代码一样其实是很难的，可见孙老师非常认真。

杭州大学计算机系部分教职工合影
（1998）

另外一位让我印象深刻的是张森老师。张森老师给我们上"计算机组成"，使用的是英文教材，由于学生英语能力普遍不高，再加上硬件基础薄弱，绝大部分同学不能完全看懂教材上的内容，但张老师讲课条理清楚，把每个知识点讲得很透，因此大家学习效果也很好。

由于当时实验条件差、设备少，很多课程每周上机只有一节课的时间，实验内容基本上都是模拟。比如操作系统这门课，当时没有 Unix 操作系统环境，只有 Apple Ⅱ 计算机，操作系统是 CP/M，后来 PC（个人计算机）操作系统是 DOS。这类操作系统都没有进程，学生很难理解进程的概念，于是徐宗元老师讲 Unix 系统的进程及各种命令时，在黑板上画图，让学生理解 Unix 进程的原理。像进程调度算法、内存管理等实验，也是以编程模拟的形式开展。

我的科研工作是由徐宗元老师带领的，我主要从事计算机图形学与计算机辅助设计方面的应用研究。我参与的第一个较大的科研项目是 1987 年底立项的"计算机辅助双曲拱坝立模施工系统"，它是国家"七五"攻关项目"双曲拱坝立模施工"的子项目。这个项目由水电部十二局科研所承担，我们主要负责计算机辅

计算机系学生在机房
做实验（1986）

51

季江民、徐宗元参加的国家
"七五"攻关项目方案评审会

助双曲拱坝立模施工系统开发。为了做好这个项目，1989年，我们一行四个人坐了三天两夜的火车，赴贵州实地考察，到贵州乌江上游的水电站参观拱坝的施工。基于研发这个项目，我们后来在计算机辅助设计领域成功申请到了浙江省自然科学基金项目。

给学生打了几分，现在都记得

杭大计算机系的人才培养理念是培养综合型、应用型人才。许多毕业生去政府、事业单位、银行等工作，很多已担任副处级以上或单位中层领导。最著名的是钟绍军，目前担任第二十届中央委员、中央军委办公厅主任（中将军衔）。钟绍军是1990届杭大毕业生，大三时就担任校学生会主席，当时全校学生已经达到上万人的规模，可见他的组织能力之强，当时我是他的班主任。

让我印象深刻的还有高云君，现任浙大软件学院副院长，他学习非常认真，成绩也很好。我教过他"数据结构"和"操作系统"两门课。"数据结构"这门课的评定成绩他原本可以得 100 分，但是因为我从来没有给学生打过满分，所以给了他 99 分；"操作系统"这门课他也获得了 95 分的高分。现在他已成为数据库、大数据研究领域的杰出专家。

季江民

1982 年至 1986 年就读于杭州大学计算机系计算机应用专业。1986 年至今先后在杭州大学计算机学院（系）及浙江大学计算机学院（系）任教。

口述人：孙达传

我是第一批老师，也是"最后"一批退休的

我是 1955 年考入浙江师范学院的，1959 年毕业后留校，在计算数学系担任助教。1984 年计算机系成立后，我调入计算机系，加入软件教研室，成为第一批调入计算机系的教师。

杭州大学于 1958 年成立，1958 年后浙江师范学院被并入杭大，我是 1959 年毕业的，因此我是杭州大学第一批毕业生。1997 年，我满 60 岁退休时，杭大还没有被合并到新浙大，所以我是杭大最后一届退休员工。因此我感到很自豪——我是杭大第一批毕业生，又是最后一届退休员工。虽然杭大已经被合并，但我作为一位 80 多岁的老人，见证了杭大的发展与变迁，与它有很深的缘分。

我是一位长期从事计算机教学和科研的老教师，从 1969 年开始从事国产第一代电子管计算机的使用和维护工作，又在国产第二代半导体计算机 TQ-16 上参与软件开发，之后又从事第三代集成电路计算机以及微机的使用、推广和开发工作。亲身经历过第一代、第二代再到第三代计算机的演变和发展，看到这 50 多年来计算机技术飞速发展的进程，我不禁感慨万分。回忆这 50 多年来与计算机打交道的历程，我感到，发生在我身边的故事，对现在从事计算机研究或将要学习计算机技术的年轻人而言，也许能产生一些有益的启发。

中国科学院淘汰的计算机，运到杭州"复活"了

1968 年，中国科学院力学研究所有一台国产第一代 M103 电子管计算机即将被淘汰，但在当年毕竟是稀罕的高科技设备，又舍不得丢弃，希望能让它继续发挥作用，于是通过数学系党总支书记女儿找到杭州大学数学系。我们数学系领导得知此消息后万分高兴，马上派出以吴美朝为首的七位老师赴中国科学院力学所学习这台计算机的原理、使用方法和后续维护技术，然后把计算机运回杭州，让它继续发挥作用。

我们一行七人受命后立即奔赴北京，既兴奋又深感责任重大，因此全力以赴，日以继夜学习这台计算机的原理和结构，虚心向力学所的技术人员学习使用及维护计算机的技术。功夫不负有心人，经过近两个月的学习，我们初步掌握了计算机的使用、管理及维修方法。接着，我们开始计算机的拆卸、装箱、运输等工作。

由于电子管计算机体积很大，运算柜、存储柜、控制柜每个都有 1~2 个大衣柜大小，加上电机、高频发电机、空调机、配电盘以及各种附件、测试设备、资料等，足足装满由几十个木板包装而成的大柜和箱子。我们包了一个火车车厢，才把全部装备运回杭州。

接着在力学所派来的两位专家的指导下，我们开始更为紧张的安装、调试工作。由于我们在拆卸时已做好充分准备，记录了拆卸情况并给每一个连接的电缆与管道做了编码，所以安装得很顺利；经过大约不到一个月的艰苦奋战，这台计算机终于安装调试成功并顺利运行，成为我省第一台能正常投入运行的电子计算机。

现在常常使用笔记本电脑的年轻人可能无法想象，一台计算机要装满一整个火车车厢？安装调试需要九个人干上一个月？的确，没有接触过电子管计算机的

人可能很难想象。这台计算机的运算柜足有两个衣柜大，里面插有上百个插件，每个插件大小如同一块砖，由两个电子管以及一些电容、电阻组成，这样一个组件在计算机里仅代表一个"0"或"1"。17个插件才能存放一个带正负号的16位二进制数。而在运算器内需要存放四个16位字长的数，所以就需要4×17个插件。在控制柜内，同样大小的插件只代表一个控制开关的电路。由此可见这台机器的庞大。

这台计算机是如何操作的呢？当时没有显示屏或数码管，操控面板上只有一排排开关及指示灯，我们根据指示灯监视计算机运行状态，操控各种开关进行操作。计算机的外存储器叫磁鼓，是一只直径约60厘米、表面涂有磁性材料的金属鼓，用贴近鼓面的17个磁头来读取信息。这么大的磁鼓只能保存几千个16位二进制数。而动态存储器则由一层层环状小磁芯组成，每个小磁芯只能记录一个"0"或"1"。

计算机的输入设备是光电输入机，将数据和程序以五位二进制码的形式在纸带上凿成一排排小孔，带孔的纸带通过光电输入机变成"0"和"1"，然后存储到计算机里。至于输出，则用刻有数字的金属字模筒，在它转动时用锤子敲打字模，通过复写纸把数字印在纸上。

这台计算机运算速度每秒仅几十次加减乘除运算，存储容量只能存储几千个16位的数，它的运算能力和速度远不及现在一台最简单的计算器。当年保存一个"0"或"1"所用的一个磁芯的大小，现在足够存储几百GB（吉字节）的数据，可见计算机技术的发展和变化速度之快。

由于这台计算机由几千个电子管组成，而电子管的寿命只有几千小时，所以计算机经常会发生故障。每当出现故障时，我们得分析故障原因，找出发生故障的部位和插件，然后更换备用插件，使机器能继续工作。但是就是这么一台计算机，伴随我们工作了2~3年，我们用它完成了杭州汽轮机厂的09工程（即核潜艇工程）配套压缩机的叶片设计及浙江省灾害性天气预报等任务。

随着微机 386、486 逐步投入试用，这台已落后的计算机"元老"再次面临被淘汰的命运。当时为了省事，整台计算机被当作废品处理，事后想想真后悔莫及——应该把这台计算的磁鼓、磁芯存储器以及一些插件、光电输入机等代表性部件保存下来，送到科技展览馆。它是我国第一代计算机的物证，是计算机发展史最生动的注释，可以成为教育下一代最真实的史料。

在外攻关课题三个月，回来女儿不认得我了

随着计算机技术的发展，浙江省科委决定成立浙江省计算机技术研究所（简称浙江省计算所）。由于当时计算机人才缺乏，省科委从杭大数学系借调了三名老师协助计算所的筹建与开发工作，我是其中之一。

浙江省计算所从上海计算机厂购置了一台 TQ-16 计算机，它是属于我国自主设计制造的第二代晶体管计算机。除了厂方提供的操作系统外，用户还需根据需要，在 TQ-16 计算机上开发其他系统软件。当时浙江省计算所想采用 BCY 程序设计语言，需要为 TQ-16 配置相应的编译系统。编译程序实质上是一个翻译程序，将用 BCY 语言书写的程序翻译成计算机能执行的机器语言，从而使计算机能完成程序设计语言所规定的计算任务。

BCY 程序设计语言是中国科学院计算所设计的具有中国特色的程序设计语言，是以 ALGOL60 语言为蓝本，将某些语句用汉字来表达，例如将"if ... then ..."条件语句改为"若…则…"语句，将 for 循环语句改为"对于…步长…执行…"。这种语言最早在国产计算机 M104 上已经实现，现要求在 TQ-16 上也采用 BCY 语言，必须专门为它开发 BCY 编译系统。于是由中国科学院计算所牵头，包括我在内的七名技术人员组成 BCY 编译系统开发小组。

编译程序是一个复杂的系统软件，我们过去从来没有接触过，开发难度非常大。首要任务是学习编译程序的基本原理和结构，在对编译程序有初步了解的基础上，进一步熟悉软件开发流程和每个人的具体任务。我们开发小组成员集中在北京连续工作了数个月。当时我女儿还很小，我只能离开家庭，把生活重担交给爱人，义无反顾地去北京参加研发工作。三个月后，我结束了在北京的工作，返回杭州，用出差补贴给女儿买了个洋娃娃。送给她时，刚会说话的女儿已不认得我了，只会对我说："叔叔，谢谢！"这让我哭笑不得。

之后，最关键的程序编写工作集中在杭州进行。浙江省计算所位于白堤平湖秋月附近，于是我们在风景如画的西子湖畔，开始用汇编语言编写代码程序。经过几个月的紧张工作，分别完成了程序编制任务，并对各自的程序进行分调、检验，在此基础上再进行全系统各个模块间的联调，由总设计师逐个检验各模块是否达到设计要求，以及相互间的协调性和连接性。在联调测试过程中，我们运用了各种测试用例以全面测试各程序模块的正确性，尽可能找出隐藏着的漏洞，确保整个系统的正确性。经过近两年的艰苦努力，我们开发小组终于完成了 BCY 语言的编译系统并正式交付使用，经过一段时间的检验后，在国内的 TQ-16 计算机上逐步推广。

这两年开发工作虽然紧张而辛苦，但让我在软件开发上取得不少收获，对今后从事计算机教学有很大帮助。计算机系成立后，有一门专业必修课名为"编译原理"。这门课比较抽象，是一门难度较大、偏重理论的课程。由于我参加过 TQ-16 编译系统的开发，因此能轻松地承担这门课程的教学。在我退休后，浙江大学城市学院计算机专业也需要开设编译原理这门课，于是请我去城市学院开课。我在他们学校上了 3~4 年的课程，取得了比较好的教学效果，并帮助该校带出能教这门课的老师。这一切都与参加这一开发任务直接相关。

大型计算机上的东海潮流计算

大约在 20 世纪 70 年代后期，海洋二所接受了一项东海潮流计算任务，据说这是一项中日合作课题。项目要求是利用流体力学原理及东海海潮相关知识，将海洋潮流的变化归纳成数学模型，然后利用计算机获得有关潮流水位及流向数据。海洋二所已经把问题归纳为流体力学的偏微分方程问题，接着需要计算出满足一定边界条件下的数值解。为了完成余下的任务，他们联系杭大数学系，希望找到一名合作者。

当时系里教学任务不重，系里让我自行决定是否承担这项任务。我过去从事计算数学的教学与研究，对微分方程数值解法有所了解，而编程又是我的强项，因此我爽快地接受了此项任务。

关于微分方程的数值解法，在"文革"前我们曾有所研究。1961 年，在北京进修计算数学的方茂炽老师回到杭州大学，随即成立计算数学教研室，带领我们四五名年轻教师开始从事计算数学的教学与研究。我们采用老浙大数学系培养年轻教师行之有效的读书报告方式，要求每位年轻教师每隔两三周，在教研室范围内报告自己读过的书报或论文，相互提问题，进行交流与探讨。

读书报告形式坚持了几年后产生明显的效果，我逐渐找到了入门的门道。到 1966 年，我已经在《杭州大学学报》及全国性学术报刊上发表了四篇论文。这些论文涉及微分方程数值解算法和迭代解法的收敛性等问题研究，对解决海洋二所这一课题很有参考价值。

正式接受这个任务后，我先把偏微分方程的求解问题转化为差分方程，再将其归结为线性方程组的求解问题，采取迭代方法，获得满足特定边界条件、符合规定精度的近似解。在编程时，还要解决网格点的尺度问题，使得问题的求解既能满足计算机的存储容量和运算速度限制，又能达到要求的精确度，此外还需考虑计算结果的直观表示。为此，我把输出数据按网格位置打印出来，这样就可以拼接成二维数据阵，从而直观地显示东海海平面网格点的水位高度及潮流方向。

计算得到的结果得到了海洋二所的肯定，他们认为这与实际潮流状况相吻合。此后，我就把程序、资料、操作方法移交给海洋所，从而结束了这项任务，至于这项中日合作课题最后完成得如何、有无出成果，就不得而知了。

也许有人会说，既然是中日合作的大课题，应该一开始就与海洋二所签订合作协议，约定双方各自的任务与责任，以及科研经费分配和研究成果共享等事项。这的确是现在合作开发的常规做法，不过在当时，我们这些做技术工作的老师，根本不懂这套规矩，也没有想到讨论经费分配和成果共享等问题，我为此花费近两年时间，却没有为单位或个人争取任何一点好处，唯一的收益就是每晚上机时可领取一角二分钱夜餐补贴。这在如今看来似乎有点傻，但是20世纪70年代的教师、科技人员的思想就是这么简单，对待工作和任务就是这样的态度。

现在到了契约时代，任何合作项目都必须签订协议，以契约的形式约定各方的任务、职责和权益，这的确有利于合作项目的正常开展和各方利益的合理分配，但如果过度强调名和利，就会带来另一方面的问题。人们过度关注个人的名誉和利益，必然缺少了奉献精神。但在当前，在实现强国梦的过程中，仍然需要奉献精神，不然在攻克国家攻关项目时，谁愿意默默为国家贡献自己的一生？当国家面临战争威胁时，谁又能挺身而出，走上保卫国家的前线？想到此，我便释然了。

孙达传

1955年至1959年就读于杭州大学数学系。1959年至1997年先后在杭州大学数学系、计算机学院（系）任教。

口述人：叶根银

1985 年，我从杭大物理系毕业后加入计算机系工作，直到四校合并前离开，几乎见证了杭州大学计算机系完整的发展历程。工作期间，我主要负责学生和党务工作，因而对计算机系学生的学习、生活和就业情况比较了解。

注重学生科研与合作能力的培养

杭大计算机系学生学习非常努力，生源也都很优秀。当时大学招生分普通大学线和重点大学线，杭州大学属于普通大学线。因为计算机系学科比较新颖，感兴趣的学生比较多，所以一直是热门专业。杭大计算机系招生分数线不仅远高于普通大学线，而且几乎高出重点大学线不少，在普通省属高校里遥遥领先。

杭大计算机系毕业生动手能力、管理能力和实际应用开发能力都非常强。杭大计算机系开设的专业是计算机应用专业，后来又开设软件专业，所以学科的实践性、应用性较强。计算机系老师非常注重学生科研与动手能力的培养。几乎所有本科生在开展毕业设计前，就已经在老师指导下协助开展课题研究，成了老师的好助手。

由于研究生很少，本科生成了协助老师科研的主力。在这个过程中，学生提高了动手能力与研究能力，而且每个团队都至少有五六名学生一同合作，学生中也有负责人，因此他们的管理能力也得到了锻炼。

印象比较深刻的是浙江省财政厅厅长与科教处处长及浙江省建设银行行长都

曾亲自来校感谢计算机系为财税金融系统输送了许多优秀毕业生。另外在团中央颁发的"全国大学生跨世纪发展基金奖学金"评比中，1993级姚诚伟同学在众多来自清华、北大、老浙大等国内一流高校的学生中脱颖而出，荣获一等奖，开创了杭大计算机系获得全国性学生奖项的先河。

集团体之力，创文体佳绩

杭州大学学生对集体文艺体育活动特别关注，而计算机系则在杭州大学校运会上取得了创历史的辉煌成绩。计算机系虽然学生人数在全校排末三位，但在校运会上曾取得过五连冠（团体总分第一名）的佳绩。校内其他体育强系（包括地理系、经济系、中文系、外语系等）都是大系，但他们最多只拿过三连冠，而计算机系连续五年获得总分第一名，这在杭州大学校运会上可谓创造了历史。

其实根据我们的传统印象，计算机专业的同学可能对体育的兴趣并不强。但杭州大学计算机系的同学们为什么体育可以发展得那么好？这背后主要有两方面的原因。一方面，因为我们的学生学习非常刻苦，经常长时间做实验，有时候晚上写程序、做课题，实验室楼整夜灯火通明。所以我们学院的领导和老师都非常重视学生的身体，鼓励他们多参加体育锻炼。另一方面，我们系的很多老师、辅导员都很热爱体育，因此能够把学生的运动积极性调动起来。我记得很清楚，每届校运会每个系最多派25名学生代表参赛，我们一般都至少有23名同学获得名次。校运会单项目前八名中，计算机系拿第一名、第二名的人数并不多，但第四到六名非常多，所以团体总分很高。同时计算机系也很重视体育拔尖人才的培养，曾有三名同学代表浙江在全国高校大学生运动会取得优异名次，五名同学在浙江省大学生运动会取得好成绩。

在文艺方面，计算机系曾有三名学生入选杭州大学校园十大歌手，系合唱队

杭州大学计算机系获校振兴杯足球赛冠军（1987）

杭州大学计算机系参加校运会开幕式（1986）

在全校合唱比赛中也曾获得第一名和第二名的好成绩。在合唱比赛中能取得这么好的成绩，和计算机系大合唱总指挥陈海燕老师的努力和奉献是分不开的。陈老师经常和学生待在一起，加班加点地指导学生排练，并且在指挥时特别能够激发学生们的感情。我们的学生能在合唱比赛中取得这么好的成绩，肯定不是因为唱功的专业性，而是因为整齐划一的节奏感及积极向上的精神面貌。

杭大计算机系虽然是一个小系，但在文艺与体育活动方面取得非常优秀的成绩，其中一个重要的原因就是团结。凡涉及计算机系的荣誉，学生都非常团结，集体荣誉感也非常强，所以每当我回忆起杭州大学计算机系的学生工作，都感到非常自豪。

叶根银

1981 年至 1985 年就读于杭州大学物理系半导体专业。1985 年至 1997 年在杭州大学计算机学院（系）任教。

口述人：王维维

1982年，我本科毕业于杭州大学物理系无线电毕业，毕业工作三年后，于1985年考上了杭州大学计算机系的硕士研究生，成为杭州大学计算机系成立后次年招收的两名硕士研究生之一，指导老师是张森教授。

我到计算机系后补充了很多专业知识，印象比较深的就是孙达传老师的课。我曾旁听过孙老师的"编译原理"，记得孙老师课上得非常熟练，基本不用看笔记就可以信手拈来，整个黑板漂亮地写满了推导的公式。

我除了在杭大学习外，经常会去老浙大计算机系查找一些资料，因此对老浙大计算机系的人工智能方向也比较熟悉。研究生阶段，我承担了一个浙江省科委关于微机故障诊断专家系统开发的课题。之所以会开展与专家系统开发相关的人工智能领域研究，很大程度上是受了何志均老师的影响。我的毕业论文也是结合这一课题撰写的，何志均老师则担任了我毕业论文答辩委员会的主席。

依托英文原版教材开设双语课程

1988年，我毕业后留校工作，承担过好几门课的教学任务，同时也兼任团总支书记，主管学生工作，也就是教师跟行政工作"双肩挑"。起初这对我来说是一种挑战。

因为我本科不是学计算机出身，我就多听前辈老师们的课程并虚心向他们学习，同时自己加强钻研。之后便逐渐承担起计算机常规课程的教学，如C语言程序设计等。当时采用的教材是国外经典的《C 语言程序设计》(作者为 Kernighan 和 Ritchie),我自己编写了讲义印发给学生,其中好多例题都源于此书。很多学生都反映课程难度比较大。我一直和学生强调,虽然现在学习过程比较辛苦,但这对往后的实际工作会很有帮助。很多学生工作后跟我反馈:"王老师,虽然当时我们都很害怕你的课,但是现在看起来,我们都很受益。"所以我觉得,杭大计算机系很早就结合国外的原版教材给学生上课,是一个很好的办学手段。

另外还有一门课程是"计算机组成",我们从张森老师手中传承下来这门课程,也采用原版教材。我转到电气学院后,接着开设双语的"计算机组成"课程,因为在计算机系打下的课程基础比较扎实,开课一直很顺利。我甚至在退休以后,到浙大海宁国际校区开设过全英文的"计算机组成"课程。

引进外校及产业界人才

20 世纪 90 年代中期,我曾经代理过计算机系党总支副书记,承担日常的管理工作,其中一项重要的工作就是引进人才。当时杭大计算机系任教的老师多数来自本校本系,后来系里也陆续引进了一些人才,包括北大计算机理论博士周昌乐老师(四校合并后加入厦大)、中国石油天然气总公司华北油田的楼学庆老师、西北工业大学博士后钱沄涛老师等。当时的杭州大学不断从学术界、产业界引进人才,多渠道充实师资力量。

杭大计算机系学科发展的重要特点就是学以致用。我们承担了一系列课题,比如浙江日报的办公自动化系统、省科委的微机故障诊断专家系统等。对于一些重大的课题,我们往往会汇集全系力量来全力以赴。例如在承担浙江日报的办公自动化系统时,计算机系就安排东横教学楼一楼专门用于项目研发,并调集了很多本科生、研究生一起参与研究,最终准时圆满地完成了任务。另外,计算机系还联合学校相关交叉学科，成立了计算机学院，这是一个学科发展的里程碑事件，对学科发展起到了很大的促进作用。

王维维

　　1985年至1988年就读于杭州大学计算机系图像处理专业（硕士研究生）。1988年至2003年先后在杭州大学计算机学院（系）及浙江大学计算机学院（系）任教。

口述人：陈根才

甲方就在隔壁，有问题我五分钟赶到

1994年，浙江省信息化领域最大的项目——浙江日报社新闻大楼计算机综合网络系统建设，经费共计1200万元，是浙江省的"双重点"项目配套工程。项目竞标过程非常激烈，参与竞争的有北大方正、老浙大等许多知名高校和企业，最终，在张森老师的领导下，我们杭大把这个项目拿下来了。这个综合性信息化项目从1994年正式开始，包括新闻采编、信息服务、电子邮件系统、楼宇自动化管理以及财务管理和办公自动化等六大子系统。我们利用IBM公司Lotus Notes/Domino所提供群件技术和文档型数据库来进行高起点的研究和开发，在当时来讲是非常先进的。我是这个项目组组长，负责项目具体实施。

我们知道，报业信息化革命的第一个阶段是所谓的"告别铅与火"。20世纪80年代，北大王选院士领衔完成了从铅字排印到激光照排的革命，并且很快在全国范围内推广应用。当时的浙江日报项目属于报业信息化的第二个阶段，即"告别纸与笔"，也就是在计算机上完成写稿、审稿、排版全过程，最后发送给激光照排系统进行制版印刷。

浙江日报综合信息管理系统是项目中最早开发和应用的一个子系统。通俗地讲，就是要解决资料的信息化管理和检索问题。那时候资料管理基本上还处于"剪刀＋糨糊"式的手工操作阶段，要处理海量的纸质报纸和图书资料，这种

方法不仅管理效率低、很麻烦，而且占用大量房屋空间。而记者和编辑每天写文章、编辑稿件都需要查资料，去资料室查资料极其麻烦，往往需要花费大量的时间和精力。在深入了解用户需求后，我们开发出了这个综合信息管理系统。该系统可以提供多种方便实用的入库功能和强大的检索功能，包括全文检索、特征字段检索、二次检索等。这些检索方式在现在看来很平常，但在当时已经是很先进的技术了。我们还在该系统中开发出了其他几个创新性功能，例如版面恢复功能（可以重现检索信息所在的原版面，实现脱离排版环境的版面阅读）和转版资料阅读功能等。

该系统投入使用之后非常受欢迎，大大节省了报社记者和编辑搜索信息的时间。实际使用大半年之后，该系统于1996年8月20日通过了专家鉴定。鉴定委员会主任是潘云鹤教授，副主任是清华大学计算机系主任王尔乾教授和苏州大学校长钱培德教授。委员会给予我们很高的评价，认为该系统已达到国内外领先水平，其中有两项功能是国内外首创。

浙江日报的这个项目中最核心的子系统是新闻采编系统。该系统为记者提供了从写稿到激光照排前采编环节的全流程管理，主要包括写稿、审稿、传稿、签发、图片管理、版面组织、稿件管理、流程管理、新华社电讯稿接收和处理等。采编人员在一体化的工作环境中，不必退出采编系统，就可以直接进行资料检索、版面查看、图片选择、收发电子邮件等，极大地提高了采编工作效率。根据报社编审工作的实际需要，该系统还提供了版本控制和保留修改痕迹功能，在稿件编审环节中以不同版本保存每个人的修改，并以不同颜色区分。稿件流程信息可直观地再现每篇稿件的历史轨迹，记者可以方便地了解自己稿件的去向和当前状态。系统还与互联网无缝连接，实现了远程办公和虚拟编辑部等功能。

当时我们计算机系一共有30多位师生参与了这个项目的研发，我们经常与一线的排版、编辑人员进行讨论。为了吃透用户的需求，大会小会开了不少。很多开发人员都驻扎在报社大院，晚上就在报社打地铺。我家当时住在浙大御跸苑宿舍，隔壁就是报社大院，半夜如果有什么问题需要讨论，我五分钟就可以赶到。系统试运行过程中我们也全程跟进，一旦出现问题，就能比较及时地反馈和解决。经过长时间的讨论和磨合，我们开发的系统能比较贴合用户的需求，让用户容易上手。

　　该项目于 1997 年全面完成并投入实际使用。1997 年 11 月 2 日，项目整体通过了浙江省科技厅组织的专家鉴定。鉴定委员会主任是浙江大学计算机系系主任王申康教授，副主任是新华社技术局孙宝传局长，鉴定委员会中还有经济日报社技术委员会主任夏天俊高工，经济日报社技术处处长傅大兴高工，人民日报社技术处处长王振铎高工，新华社新闻技术研究所所长李鹏翔高工，以及复旦大学、上海交通大学等高校的多位专家。鉴定委员会对该项目的完成情况给予了很高的评价，认定总体水平达到国内领先和国际先进水平。该项目成果在国内新闻界产生了很大的影响，先后有 200 多家单位前来参观考察。我们先后在新华社总部新

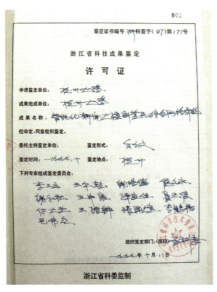

项目获浙江省科学技术进步奖二等奖（1998）（上图）
浙江日报项目浙江省科技成果鉴定许可证（左图）

闻信息系统建设项目以及经济日报社新闻信息系统项目的竞标中，凭借技术优势击败众多竞争对手而一举中标，并取得了很好的效果。后来由于四校合并，该成果的进一步推广工作没有继续开展下去。

上述项目不仅帮助浙江日报社实现了信息化水平的一次飞跃，还为报社培养和输送了一批人才。在项目开发过程中，项目组成员除了杭大计算机系的青年骨干教师，还有浙江日报的少量技术人员以及一批计算机专业在校学生。这些学生中有的毕业后进入浙江日报工作，成为系统维护的技术骨干。据了解，这个系统一直到 2010 年才停止使用，总共用了 15 年时间。一套软件能使用这么长时间是比较少见也是不容易的。这或许也说明，系统研发比较成熟，既具备技术先进性，又有较好的实用性，同时兼具开放性与安全性。该项目获浙江省科学技术进步奖二等奖。

陈根才

　　1970 年至 1973 年就读于杭州大学物理系物理专业。1973 年至 1984 年在杭州大学物理系任教，1984 年至 2013 年先后在杭州大学计算机学院（系）及浙江大学计算机学院（系）任教。

三、计算机图形学：
交叉是必然选择

20 世纪 70 年代，计算机已从集成电路发展到大规模集成电路，图形交互设备方面出现了能产生逼真图形的光栅扫描显示器、光笔和图形输入板等，计算机辅助设计技术开始在工业领域发挥越来越重要的作用。

看到这一新兴趋势，1979 年，浙江大学横跨数学、计算机、机械三系，组建了 CAD/CAM 研究中心。知名教授与青年学生会聚研讨，在这一新兴领域开始了充满好奇与勇气的探索，成为最早在国际学术界崭露头角的研究力量，而后成长为国家第一批该领域的栋梁之材。从那时起，学科交叉的基因就写入了浙大计算机辅助设计与图形学的生命，一直赓续至今，成为大家公认的学科基业长青的法宝。

1989 年，浙江大学开始筹建计算机辅助设计与图形学（CAD&CG）国家重点实验室。实验室于 1991 年正式成立，是我国在该领域唯一的国家重点实验室。实验室成立后，在面向国家重大需求、面向世界科技前沿方面做出了令人瞩目的工作。

在这一篇章中，石教英老师、彭群生老师和谭建荣院士的讲述充满大量细节，令人身临其境。实验室第一本外文教材、第一篇国际论文、第一次国际学术会议……每一个故事都记录着建设者的视野与格局、探索者的孤独与坚持、奋斗者的艰辛与勇气。

　　1989 年，国家计委批准在浙江大学设立计算机辅助设计与

图形学（CAD&CG）国家重点实验室，石教英担任首任实验室

主任。

浙江大学 CAD&CG 国家重点实验室揭幕典礼在玉泉校区第一教学大楼举行（1991）

口述人：石教英

曾是计算机的"门外汉"

我个人的命运和发展是与浙大计算机学院紧密联系在一起的，是浙江大学海纳江河的胸怀接纳了我这名计算机专业的"门外汉"，是计算机学院蓬勃发展的历程把我培养成一名计算机专业的带头人。

1937 年，我在宁波出生，高中毕业后，到苏联列宁格勒大学物理系核物理专业学习。1960 年毕业回国以后，到西北工业大学工作，研究方向是核物理。1957 年 11 月 17 日，毛主席在莫斯科大学接见中国留苏学生时曾寄语："世界是你们的，也是我们的，但是归根结底是你们的。"我当时虽无缘到现场聆听毛主席讲话，但是毛主席的这句话一直激励着我们这代人奋发图强。

我于 1962 年结婚，爱人当时在杭州市西湖区教育局工作。毕业时，为了解决我们夫妻分居的难题，组织考虑了我的工作安排问题。当时浙江大学和杭州大学都没有核物理专业，只有浙江农业大学有核农专业，我觉得这个专业差得有点远，就放弃了到农大的工作机会。1963 年，组织把我安排到离杭州较近的上海科技大学的核物理系工作。1969 年，受"文革"影响，核物理专业被撤销，政策允许我自由选择到学校的任意专业任职，我选择了无线电系的计算机专业，但是实际上我那时没有一点关于计算机的基础。在上海的这几年，我的夫人一直住在杭州。第一个孩子出生的时候，我因为有任务，没回杭州探望。为了尽到丈夫和父亲的责任，我将夫人和母亲接到了上海。但是我在上海只有一间宿舍，一位上海的同事将房子借给我，让我的夫人和母亲住。孩子出生后，我根据出生地，给他取名石嘉定。

1972 年，在浙大数学系工作的一位上海嘉定的老师想要回到上海工作，而我想在杭州工作，于是我便有了到浙大工作的机会。1973 年，我回到了杭州，来到浙江大学。当时，何志均老师在无线电系创办计算机专业，成立计算机教研组，从西电、上交大、西交大、北大、华北计算所和上海科大引进了一批年轻教师。和其他引进教师相比，我是最缺乏计算机专业背景的一位。我一直感谢何老师选择了我。我就跟着何老师做一些实验室的工作，但完全是计算机的"门外汉"。

我在浙大计算机专业的工作是从筹建电子学实验室开始的。凭着"文革"期间的业余爱好——组装晶体管超外差收音机的知识与经验，我很快为首届工农兵学员开出了晶体管收音机等实验课程。在没有压力、不计功利的这段时期，我抓紧时间恶补了计算机专业基础知识，包括电子学、电工学原理、计算机原理和程序设计语言等课程。在补课过程中，虽然计算机基础知识较易入门，但是纯粹自学，深感抓不住重点。

这段自学时期，缺乏的不是时间和精力，而是资料。记得当时只找到一本北京大学编的《计算机原理》教材，如获至宝！ 20 世纪 70 年代末，部分高校开始**邀请**国外专家来华讲学，我有幸受何老师派遣在 1979 年初到成都电讯工程学院（现电子科技大学）听过一次研讨班，班上有部分国内专家和一位法国女教授讲课，其中包括成电的江明德和重庆大学的陈廷槐。法国女教授讲程控交换技术的课，遗憾的是，我一点都没有听懂。1980 年初，复旦大学组织过一次研讨班，邀**请**美国著名容错计算专家 Bruer 教授讲两周。他讲了组合电路和时序电路测试、故障模拟，以及微处理器测试和 CAD 布线与布局等。课程内容系统丰富，我收获很大。

听课回来后，1980 年下半年，我在系里为"文革"后第一届大学生开出了"容错计算技术"课程。没有想到的是，我第一次独立开出的这门新课得到了同学们的好评。一天下班回家路上，正巧与何老师一起回去，何老师高兴地告诉我："同学们反映你的课讲得好。"何老师这句令我记忆至今的话，是对我默默工作七年的最大肯定和鼓励，激励着我后半生努力奋斗。今天重温这段经历，重新翻阅这两本用细导线串订起来的泛黄的活页笔记本，面对如饥似渴的密密记录的已经褪色的钢笔字，心里充满无限的回忆。

1973 年，我调入浙大计算机教研组后，才真正参与计算机的科研项目。20 世纪 70 年代中期，我先后参加了教研组承接的"气象填图小型计算机系统"和"水文预测预报小型计算机系统"两项省科委项目。新成立的教研组有了第一笔科研经费，新组建的教研组队伍通过这两个项目得到了锻炼。我参加磁芯存储器研究工作，我们小组有三名教师，王品常、陶欣和我，做穿磁芯等辅助工作。我们研制的第一块磁芯存储器的容量是 32KB，从未接触过真正计算机的我在这两个项目中抱着虚心学习的态度积极工作，初步掌握了存储器系统设计和测试的全过程。两个项目完成时，已经到了 20 世纪 70 年代末。

看了一个月显示器逻辑图

"文革"结束，高校恢复正常教学秩序。当时，教研组已没有集体项目可做，每个人开始酝酿各自的研究项目，每个人需要决定自己要做些什么研究。我按何老师的建议决定做计算机图形硬件方向的研究工作，但不知从何入手。

1980 年，教研组购买了第一台微机 Cromemco，我好不容易找到了附带的一张图纸。然而，这仅仅是一张标准逻辑图而已，没有图形显示功能背景知识，面对它犹如读天书。当时我对图形显示器的原理及其组成一无所知，甚至不知光栅图形显示器与矢量图形显示器的分类，也不知道光栅化，不知道像素，不知道帧缓冲存储器等名词术语。好在当时硬件所用的集成电路属中小规模电路，我查了每一块集成电路功能，猜测它在系统中的作用。我的突破口是在 CRTC（视频控制器）芯片中找到的。CRTC 是生成同步信号与刷新地址的电路。

"文革"期间组装黑白电视机积累的电视机同步原理，使我很快理解了同步时序，进而找到数据转换、传输、接口和数模转换等功能模块，然后把它们综合成一张原理框图。我苦读这张今天看来极其简单、极其基础的光栅图形显示器逻辑图整整一个月之久，终于搞懂了它，并深信有能力研制它。于是，我向系领导何志均老师提出研制图形显示器的项目，请求经费资助，系里同意立项了。这一工作也得到了年轻教师黄剑锋和 1978 级大学生刘炼材和陆洪其的支持。20 世纪80 年代初，一支图形硬件方向的研究队伍逐渐形成。此后又有史烈、施服光、陈文智等青年教师加入，从而形成了一支国内小有名气的图形硬件研究队伍。很快，我们推出了 ZD-82 型光栅图形显示器，以及一系列后续型号如 DGS-400、DGS-800 和 DGS-8000 等多款光栅图形显示器，DGS-100 中西文图形终端等产品。

我的终身好友

1980 年的一天下午，支部书记宋士华同志来我家，对我说："何志均老师问你是否愿意到出国英语培训班学习。"从此，我开始了为期一年的出国英语培训。我们的老师是一位美籍华人，教学认真负责，每次下课之前必布置一篇阅读材料，虽然只有一页 A4 纸，但没有一整天时间是啃不下来的。第二天老师就在课堂上点名考查每一名同学。听课的同学都是 40 岁左右在职进修的年轻教师，有时因工作忙，没有时间完成阅读材料，被老师点名时会十分尴尬。我清楚地记得她当时说的一句话："同学们，我能帮助你们的就是考查你们，没有其他方法！"

从此，我记住了这句话，并应用于我的教学生涯。得益于老师的考查，我顺利地通过了 1982 年初出国英语水平测试（EPT），得了 114 分（满分为 130 分），是这一批浙大考生的第一名。

1982 年 9 月，我到美国佛罗里达大学电气系计算机专业任高级访问学者两年，进修方向是计算机图形硬件，合作导师是 John Staudhammer 教授。这个方向是何老师建议的，我非常感谢他给我这个建议。美国访学大大拓宽了我的学术视野，让我清醒地看到我们与发达国家的差距。

匈牙利籍的 Staudhammer 教授具有高度敬业的精神，一点也不趾高气扬。他对学生关怀备至，节日里经常邀请学生到家里聚会。Staudhammer 教授是计算机图形硬件领域的先驱，在 ACM[①] SIGGRAPH[②] 学术圈中享有很高的威望。在我访学两年期间，他给了我一次开课机会，让我为研究生讲授 "Computer Graphics Hardware"（计算机图形硬件）课程，在电气学院为我争取到了 "访问副教授" 职位，连续两年带我参加了在底特律（1983 年）和明尼阿波利斯（1984 年）召开的 SIGGRAPH 大会，帮助我打下了从事计算机图形学的学术基础。1985 年，Staudhammer 教授作为世界银行专家到浙大讲学一个月，并被聘为浙大客座教授。那次他带来了一本 David Rogers 编著的新教材《计算机图形学的算法基础》（*Procedural Elements for Computer Graphics*）。我们随即组织翻译，中译本由科学出版社于 1987 年出版。这本教材对计算机图形学在我国的发展起了很好的推动作用。1991 年，他先后两次自费到浙大，帮助我组织我负责的第一次国际学术会议；他多次来华访问，2006 年还来杭州参加我的 70 岁生日聚会。感谢 John，我的终身好友！

1984 年 9 月回国后，我开始讲授计算机图形学硬件与算法课程。根据我们教

① ACM：Association for Computing Machinery，国际计算机学会。

② SIGGRAPH：Special Interest Group for Computer Graphics，计算机图形图像特别兴趣小组。

研组从 1980 年起研制 ZD-82 和 DGS-400 两种图形显示器的经验积累，编写了一本浙大内部油印教材。这本教材还得到了科仪系吕维雪教授的好评，在科仪系师生中流传和使用。后来教材的部分内容纳入由我和潘志庚合作编著的《多媒体计算机组成与应用》一书，1999 年该书由人民邮电出版社出版。

进入 20 世纪 90 年代，我的研究方向转向"科学计算可视化"和"虚拟现实技术"，先后与蔡文立和潘志庚合作开设了这两门研究生新课。由我和蔡文立合作编著的《科学计算可视化算法与系统》一书于 1996 年由科学出版社出版，这是我国第一本可视化方向的教材。由我主编、浙大 CAD&CG 国家重点实验室（简称 CAD 实验室）多名博士参与编写的《虚拟现实基础及实用算法》一书于 2002 年由科学出版社出版，这本教材对推进虚拟现实技术的教学和研发工作起了很好的作用。

计算机图形硬件方向在 20 世纪 80 年代末和 20 世纪 90 年代初曾获得国家自然科学基金项目和浙江省科委重点项目支持，我先后完成了"图形加速专用硬件研究"和"X- 终端研制"两个项目。80 年代申请的国家"七五"科技攻关项目"基于 Unix 的 CAD 支撑软硬件系统研究"总经费达 280 万元，成为当时浙大经费最多的国家级科研项目。虽然我被推选为该项目的负责人，但我一直认为，整个项目从策划、组织申报到评审都是在何志均老师亲自组织和指挥下有条不紊地进行的。该项目申报成功依靠的是全系的科研积累，特别是人工智能研究所在智能 CAD 与三维几何造型系统的领先成果，以及用全系多年积累的科研经费购置的全国高校中第一套先进的 VAX-11/785 小型机系统。正是凭借领先的科研积累和领先的硬件资源，我们才能在激烈竞争中赢得这个大项目。"七五"科技攻关项目的完成，确立了浙大在国内 CAD 领域的领先地位。

浙大CAD，初露锋芒

20世纪80年代后期，浙江大学开始筹建CAD&CG国家重点实验室。筹建工作离不开计算机系、数学系和机械系通力合作，虽然是以计算机系为主，但国内第一篇SIGGRAPH论文是以数学系的彭群生老师为主发表的，这也为实验室的成立助力很多。1989年，实验室挂牌。1991年，实验室正式成立。当时，国内图形学的发展还比较落后，但浙江大学的图形学已经初露锋芒。实验室成立后，三个系的关系一直非常融洽，这种关系对于实验室的建立与发展至关重要。2013年，鲍虎军老师领衔的"复杂对象的几何表示和计算理论与方法"获得国家自然科学奖二等奖，数学系老师也参与其中。

何志均老师在北京召开的重点实验室筹建会议上发言（1985）

我是 CAD&CG 国家重点实验室的首任主任。在我卸任实验室主任之后，数学系的彭群生接过了担子。虽然我担任实验室主任的时间不长，但是在我的任期内，实验室先后获评国内优秀实验室和国外期刊评选的十大优秀实验室之一，我也有幸见证了实验室的成长与发展。

1987 年，IFIP（国际信息处理协会）第一次在北京举办国际研讨会，当时我们已经错过了投稿时间，何志均老师与会议中方主席孙强南教授联系，争取报告我们的研究。获得会议同意后，何老师亲自组织了一篇论文，"Artifitial Intellegence in Computer Aided Design"（计算机辅助设计中的人工智能）。这篇论文署名是我、林峰和张宁。林峰和张宁都是何老师直接指导的学生，以他们的工作成果撰写的论文理应由何老师署名，但是何老师把我推为第一作者，而他自己则退出署名。何老师以推介新人为重、自己淡泊名利的高风亮节正是我们后辈应该终身学习的。这篇论文发表在国际期刊 *Computers in Industry* 1987 年第 8 卷第 4 期上，成为我的第一篇国际期刊论文，我在那次研讨会上宣读了论文。

论文报告在研讨会上获得了与会中外代表的好评。会议期间，我结识了会议外方主席，来自德国的 Encarnacao 教授，会后我邀请他顺访浙大并参观了浙大计算机系实验室和我们的 CAD 与图形学成果。他高度评价了我们在光线跟踪和智能 CAD 等方面的先进成果。Encarnacao 教授多次访问浙大，并受聘为浙大荣誉教授。我和 Encarnacao 教授成为终身好友，他推荐我担任 IFIS TC5 WG 5.10 委员和国际期刊 *Computers & Graphics* 编委，我在任上近 20 年之久，直至 2006 年。进入 20 世纪 90 年代，我在科学计算可视化与虚拟现实技术这两个方向的研究兴趣都得益于在 Encarnacao 教授领衔的计算机图形研究所（IGD-FhG）访问的经历。

三个感谢

1960 年，我回国后，被分配到西北工业大学工作，此后一直没有离开过高校。在西北工业大学三年，在上海科技大学十年，在浙江大学将近 40 年，先后从事过教学、科研、中层行政和民主党派参政议政等工作，我最感自豪的还是教书育人的教学工作，我的作用相当于教育大道上的一块铺路石。

我认为师生之间更多的是一种理解和包容的关系，作为老师，需要了解学生的想法，不断鼓励他们。我教过很多学生，学生毕业之后还记得我给他们改论文的事。不管是博士论文还是本科毕业论文，我都会批改得很仔细，从段落顺序到概念、公式都会修改批注，学生看到这些之后自然也会更加努力认真地完成论文。我认为老师的作用一方面是了解学生，另一方面就是引导学生，能够在学生找不到方向的时候，第一时间给予支持和引导。老师的态度严谨，学生自然而然也会变得一丝不苟。作为一名老师，我认为我还是不错的。

回顾在浙大的工作学习经历，我有三个感谢。第一个要感谢的是何志均老师。何老师的科研队伍中出过非常多人才，浙江大学的计算机学科发展到现在，何老师花了很大的力气，也是他把我这个 "门外汉" 领进门，给了我出国培训的机会。第二个要感谢的是浙江大学，这的确是一所好学校，一个好平台。第三个要感谢的是我的学生们，我们师生之间建立起满满的情谊，直到现在还保持联系，这也是作为老师最幸福的事。

▶学生说

陈文智：

1988 年，我考入浙江大学，1990 年进入系统结构实验室，跟着黄剑锋和刘炼才两位老师做课题。大三着手准备毕业设计时，石教英老师正好回国，成为我的本科毕业设计的导师，从那时起，我就一直跟着石老师学习和科研。

在我的印象里，石老师从不吝啬给予学生帮助。我曾经有一个"X-终端研制"项目，涉及比较底层的一些知识，主要包括网络、硬件、操作系统以及窗口系统等。在项目的进行过程中，遇到了不少难题。而当时石老师正在参观总参56所，现在叫江南计算技术研究所，这个计算所在系统结构和硬件设计方面很有实力，石老师就借此机会派我和另外两位硕士生到无锡学习了几个月。计算所的生活环境是非常艰苦的，食堂只有馒头，没有米饭，对我来说格外难熬。但是石老师经常鼓励我坚持下去，我也的确学到了很多东西。那时，计算所研究超级计算机，做的是神威系列计算机的工作，但国内真正解析计算机的领域是空白的，操作系统这一块我们只能一边学习，一边完成研究。我记得那段时期正值世界杯，我们白天做科研，晚上看世界杯，石老师偶尔还会和我们聊足球。

本科毕业之际，我征求石老师的意见，他建议我留校。在确定了我的留校意愿之后，石老师一直毫无保留地帮助我，还会把他的业绩点算到我的业绩点里。他对我们的要求一直很高，时常说，真正能够帮助我们的就是考验我们，给我们压力。用现在学生的话说就是，"考考考，老师的法宝"。

在石老师的教导和影响下，周昆老师在图形学领域、姜晓红老师在教学领域，还有很多其他老师在不同领域取得了很好的发展。石老师身上的很多优秀品质一直影响着我们，比如他的教学理念和培养学生的情怀。我们从他那里也收获了很多的关怀和指导。

周昆：

我与石老师相识于1995年。刚进浙大时，我就读于混合班，混合班到三年级时可以自行选择科研导师。由于我的主修专业是计算机，在这之前对石老师有些初步的了解，也知道CAD实验室是国家重点实验室，是许多学生羡慕、向往的地方,我非常希望能够成为石老师的学生。我和混合班的另一个同学商量好,直接跑到了实验室去找石老师。印象中,石老师非常和善,和我们在大机房边上的办公室里聊了一个多小时。

我对当时的场景记忆犹新。石老师跟我们说,他觉得混合班的同学都非常优秀,但不管是本科生还是博士生,首先要注重的还是动手能力的培养。其次,做研究要有钻研精神。1995 年,计算机学科蓬勃发展,各种各样的新名词如雨后春笋般冒出来,例如多媒体技术、网络结构等。而作为一名低年级学生,面对眼花缭乱的世界,我有一种知识大爆炸的感觉,深感需要学的东西很多。石老师觉得学生最重要的是在某一方面深入钻研,从而有所长,成为一方面的专家,在这之后才能去涉猎更多的领域。

石老师的这些话对我影响深远,直到现在,我在科研工作中所遵从的思路依旧是先在单点突破,然后再拓展出去。我常常一头扎在一个科研方向上,而不是去追求多广阔的知识面。与此同时,我也把这种思路和方法传授给我的学生们。微软研究院的前任院长、清华双聘教授沈向洋博士曾在一次公开演讲上分享他的科研经验,其中有一点是"钩深致远",意思就是一定要在单点形成突破,然后才能够广博。我想,可能很多做学问的"大家"在他们的科研道路上都有过类似的体验。

在学生培养上,石老师的方式是引导式的。他从学生的个性特点和意愿出发,在尊重学生想法的基础上进行引导。但是这种引导不是放养,而是在该干预的时候干预。比如我的个性比较好强,研究生期间出去自行创业,一开始石老师非常支持我的想法,但是到后期进展不是那么顺利,他告诉我不能在创业上面再花费更多的时间,要更多地考虑后期的科研工作,于是硬生生把我从创业线上拉回来,还把我送到德国关了三个月(进修)。当时,石老师让我去德国接受训练,相当于彻底切断了我与国内公司的联系,让我安安心心做科研。

石老师治学十分严谨，对论文的要求很严格，我们自己和我们指导的学生都深受影响。除此之外，我的亲哥哥也是石老师的学生。他是先工作再考研，所以比我入门晚一些。我们两兄弟都得到了石老师的栽培，我十分感激石老师。

姜晓红：

我本科和硕士是在南京大学读的。

1991 年，我来到浙大，一开始主要参与高级计算机体系结构这门课程的教学。当时这门课用的教材是一本非常老旧的、1982 年国防科技大学的教材，里面没有实验教学内容。

1994 年，石老师回国，带回了关于计算机体系结构的英文原版书籍，编写这本书的两位教授在 2018 年获得了 ACM 奖。之后，我们以这本书作为教材展开了课程改革，用书里提到的量化设计方法给学生设计实验。一开始是石老师给学生上课，我是石老师的助教。1996 年，我考取了石老师的博士，是比较晚进入石老师门下的，而且因为怀孕，直到 1997 年才入学。

我一直担任石老师的助教，在石老师进行课程改革后，我接班了研究生课程"高级计算机体系结构"。这门课的教材从一开始的第一版英文教材，到现在已经用到第六版了。在石老师的推动下，课程不再仅仅是理论教学，而是采用理论与实验相结合的教学模式，实验方式也不断改进，从最初只用仿真软件仿真，到后来可以在 FPGA（现场可编程门阵列）开发板上进行硬件实验。学生需要用硬件描述语言，设计自己的微处理器，并下载到开发板运行测试，这门课程变得"硬核"了很多。

起初课程考核是让学生分组调试代码，跑通过了，就能完成实验，但这样学生就容易"划水"，老师也不清楚学生的实际掌握情况。于是我们开始采用石老师在留苏时学到的考核方式——口试，即通过老师提问题、学生口头解答的方式进行课程考核。至今，我都采用这种课程考核形式。我经常和班上的同学说，在我的实验课上，你们很难浑水摸鱼。我希望学生上完我的实验课以后，能够掌握实验原理，而不仅仅是提交一份跑得通的代码。虽然严格，但是这种方式很锻炼学生的动手能力，能让他们确确实实学到东西，所以学生也都愿意来上这样的实验课。

石教英

1956 年 9 月至 1960 年 7 月就读于苏联列宁格勒大学物理系核物理专业。1960 年 9 月至 2007 年 7 月先后在西北工业大学七系、上海科技大学理化系（核物理）、浙江大学无线电系、浙江大学计算机学院（系）任教。

口述人：彭群生

我才开始接触图形学理论，国外已经在运用图形学工具了

1978 年，我考取北京航空学院（现北京航空航天大学）制造工程系研究生，1980 年 10 月受教育部派遣去英国东安格利亚大学计算机科学系攻读博士学位，1983 年 9 月完成学业归国。因为家人进京落户的问题，我没有回到北航，被预分配到离家乡较近的国防科技大学。但我最后选择了浙江大学。为了这事，时任国防科工委科学技术委员会副主任的钱学森还找我谈过话，问我为什么选择去浙大。我回答说，浙大的专业方向更对口。当时，浙大正在路甬祥、胡建雄等校领导的推动下，组建计算机、机械、数学等学科交叉的研究队伍，探索计算机辅助设计（CAD）与图形学的新方向。

20 世纪 70 年代，随着计算机技术的发展，国际科学界认识到计算机将对产品设计与制造产生重要影响，计算机辅助设计这一新的研究方向由此诞生。这个研究方向涉及产品的几何建模、算法设计、系统实现以及机械、建筑、航空、船舶等应用领域，单一学科难以全方位地解决问题。当时，数学系梁友栋、计算机系何志均、机械系应道宁等教授敏锐地洞察到这一问题，在他们的倡议下，浙江大学于 1979 年率先成立了跨数学、计算机和机械三大学科的 CAD/CAM 研究中心，专门开展计算机辅助设计技术的研究。

安排引进我的是数学系的梁友栋老师。我来浙大之前，他就帮我解决了户口、住宿、编制等方面的所有问题。梁老师早年是苏步青先生的研究生,当时他已经是浙大的知名教授了。在20世纪80年代初的浙江大学,梁友栋与路甬祥(机械)、吕勇哉(化工)、唐晋发(光电)并称"浙大四朵金花"。梁老师在美国犹他大学做访问学者时,曾与他所在研究小组的Brian A. Barsky提出了著名的Liang-Barsky裁剪算法,通过线段的参数化表示,实现快速裁剪,该算法至今仍是计算机图形学中最经典的裁剪算法之一。

在浙大,理论结合实际有悠久的传统。梁老师在数学系也曾推动理论结合实际。20世纪70年代中期,中科大的常庚哲、中国科学院计算所的孙家昶、北航的唐荣锡和吴骏恒等老师曾去贵州安顺参与飞机外形曲面设计,这开启了我国飞机机身计算机辅助设计的先河。20世纪70年代中期,浙大数学系的董光昌教授等去上海船厂参与船体的数学放样,部分成果获得1978年全国科学大会奖。所以说,浙大数学系一开始就和工业界结合得很紧密。梁老师在美国犹他大学做访问学者所在的计算机系,也有注重解决实际应用问题的传统。他从美国回来后,更加深了理论结合应用的理念。

20世纪80年代初,在梁老师和胡建雄副校长的努力下,浙大CAD/CAM研究中心引进了一台PS 300[①]。这在当时是国内拥有的最高级的图形显示设备。我在英国读书的时候就见过PS 300。我们学校(东安格利亚大学)旁是一个国际著名的遗传生物学研究所(John Innes Institute),许多中国知名的生物分子学家都曾在那里学习。我的一个中国同学恰好在这个研究所,他有一天来问我这个PS 300怎么用。我很疑惑,问他:"你们搞生物分子的怎么会用到图形学系统?"当时英国的科研水平确实比我们高很多,我才开始接触图形学理论,他们已经在运用图形学工具了。

当时,中国进口了两台PS 300,一台给了卢嘉锡院士领导的福建物质结构研

---

① PS 300为Evans & Sutherland公司的显示设备。

究所，他们用这个系统来观察分子结构。另一台给了浙大。1985 年，PS 300 进行了升级，变成 PS 340，从原来的矢量图形显示器，升级成光栅图形显示器。有了这个利器，我们就可以做一些图形动态仿真的课题了。其实 20 世纪 80 年代初，英国的大学就有光栅式图形显示器了。

数学系主要偏重于图形算法、几何设计等理论方面的研究，同时也与应用结合。其中有一项合作是和西安的 172 飞机制造厂，为使飞机的外形曲面更加光顺，符合空气动力学的要求，我们做了不少外形辅助设计工作。有一次，要检查一货运飞机的后舱门设计，确保后舱门在下降过程中滑轨不卡顿。这项检查涉及后舱门整个下降过程的动态图形仿真。我参与了这项研究，采用计算机辅助设计技术，构建了舱门在滑轨上运动的轨迹模型，通过图形仿真，成功地检测到了中间卡顿的部位。相关部门据此对初始设计进行了修改，最后一次调试成功。我们也为该型号的飞机试制做出了贡献，该项目在获国防科工委大奖时的致辞中也特地表达了对浙大的感谢。那时机械系参与 CAD/CAM 研究中心相关研究的主要有应道宁、陈家平、吴中奇等老师。

图形学的中文名词，源于我们翻译的教材

起步阶段主要有两个困难：一是当时国内没有一本好的图形学教科书；二是没有展开具有显示度的前沿理论研究，与国际前沿差距很大。教科书方面，我回国后曾看到过一本国内翻译的图形学教科书，尽管我在英国学过图形学课程，但几乎看不懂这个翻译版本。

我是数学系引进的第一个计算机专业博士。梁友栋老师对我很支持。我当时在数学系开的课叫"课程设计"，是梁老师取的名，但实际上讲的是计算机图形学方面的内容，开始讲几何设计、几何造型、CAD，后来讲计算机图形学。在此

之前，数学系有计算几何课，偏向理论多一些。而计算机图形学更偏向应用，比如计算机如何辅助人进行设计，比如刚才说的飞机滑轨设计，就需要用计算机去模拟运动的动态过程等。

这里有一个很重要的契机。1985年，计算机系石教英教授在美国的合作导师，John Staudhammer教授，作为世界银行贷款项目专家到浙大讲学一个月，并受聘为浙大客座教授。那次，他带来了一本刚出版的David Rogers编著的《计算机图形学的算法基础》。这本教材内容非常新，其中还涉及了许多真实感图形学的内容。它最大的特点就是便于自学，涵盖了很多算法，还提供了许多常用算法的伪程序，便于直接取用。我是第一次见到这么好的教材。石教英老师提议翻译这本书。石老师是搞硬件的，他请梁友栋老师主持翻译，梁老师又叫上了我。我们三个人分工合作。石老师翻译前言、第一章和第二章，我翻译第三、四、五章。其中第三章讲裁剪，第四章讲消隐，第五章讲真实感。梁老师负责总体把关。

我们三个人有空就在一起讨论，有时候就在梁老师家讨论，逐字逐句地对翻译的初稿进行仔细推敲和修改。计算机图形学中许多概念的中文名，当时一个都没有。翻译这本书的一大任务，就是要把这些中文名确定下来。两位合作老师都比我年长，他们严谨的学风让我受益匪浅。两位老师提出，名词翻译的标准是简单达意，还要清晰；如果学术名词翻译得生涩，理解就会发生困难和混乱。比如现在大家熟悉的"光线跟踪""纹理映射""取景变换""反走样"等，都是我们那个时候经过讨论翻译出来的，相关表述在整本书中都是前后一致的。

这本书翻译好后由科学出版社出版，很受欢迎，刚印出来就销售一空。很多人买不到，就去影印。书中有一个词，"rendering"，我们把它翻译成"绘制"。这一译名强调了图形生成的主观性：将你心里的想法变成一个具体的形式，就是绘制。后来，翻译动画软件手册的人把这个词译成"渲染"，两种译法并存。我们早期从事图形学研究的人大多喜欢用"绘制"。2018年，全国计算机科学技术名词审定委员会最终将"绘制"确定为正式术语，加注了"又称'渲染'"。

这本教材的一大贡献，就是把计算机图形学中的名词基本确定下来了。这些名词都是经得起推敲的，非常清晰，简洁达意，让读者一目了然。这本书的另一贡献是大大加速了国内图形学的研究。当时，国内的研究者对于图形学算法还比较生疏。我们这本书翻译出来以后，很多人拿着就能直接用上了。因为教材对于使用者来说很便利，书中附有伪程序，稍微改一下就可以用。

这本书对我也有很大的帮助。我原来对真实感图形了解不多，在做飞机设计显示时，我们采用的是线画图形，并非真实感图形。使用真实感图形后，就变成连续色调，和照片接近了。

国际会议上的动画，让我大受震撼

1987 年，我们的一篇论文入选了 Eurographics[①] 1987 会议论文，这是中国大陆学者被 Eurographics 录用的第一篇论文。同年，中国科学院的吴恩华也有一篇论文被录用为会议海报论文。这说明，中国学者已经开始在图形学领域发声了。

但是当年我没有去欧洲参会，我被梁友栋老师派到他曾经待过两年的美国犹他大学，去他的合作导师 R. F. Riesenfeld 教授那里交流。Riesenfeld 教授得知我在英国留学时的导师是 A. R. Forrest 教授，属于同一个学术"family"（家庭），因此对我们比较亲近。在美国访问期间，我去参加了 SIGGRAPH 1987。这次会议让我耳目一新，回来以后，我就下决心写 SIGGRAPH 文章。1988 年，我们的论文入选了 SIGGRAPH 1988，这在中国大陆学界也是零的突破。

SIGGRAPH 1987 的参会经历让我全方位感受到了震撼。办会水平非常高，研究水平和展示形式都让人印象深刻。最让我震撼的是很多研究都是带动画展示

---

① Eurographics：欧洲计算机图形学协会。

的，我在英国留学时也没看到过。SIGGRAPH 1987 专门举办了动画晚会，集中展示当时计算机动画的最先进水平。我认识的一位日本学者在大会报告时通过动画展示了他们的最新研究成果，生成了影院内电影放映机的光线经过烟雾时烟雾升腾的效果以及汽车穿行浓雾和薄雾时前灯光柱的不同照射效果，成功模拟了光线经过烟雾时空中飘浮微粒发生的散射。本来美国人是不太愿意给日本人鼓掌的，但这次日本学者做完报告后，台下掌声雷动。我在热烈的掌声中领略到这项研究成果的超高水平，一下就知道了国际水平在什么地方。所以有机会还是要跑出去看看。

梁老师曾说，只要我们的研究论文被重大国际会议录用，他砸锅卖铁也要支持我们出去参与国际交流。我去参加 SIGGRAPH 1987 那次，倒不是梁老师出的钱，而是借了 PS 300 图形显示系统的培训机会。那次交流，让我看到了真正的国际水平，回来后我下定决心做国际前沿的研究。1987 年我在美国待了三个月，其间整合我们在光照模型领域的最新研究成果，向国际期刊 *Computers & Graphics* 投稿并获得录用。当时这个领域是国际图形学的研究热点，该文获得了年度最佳论文奖，一鸣惊人。国内的图形学研究正好赶上了国际上图形学高速发展的好时候，需要有人去突破，需要有人能够顶上去。我们这批从国外回来的人，都认为是国家花钱培养我们，我们报国的心是比较明确的，梁老师、石老师都是我的榜样。

筹建国家重点实验室

1985 年左右，浙江大学开始筹建计算机辅助设计与图形学方面的国家重点实验室。当时，浙大已经有了两个国家重点实验室：一个是阙端麟先生领导的硅材料国家重点实验室，另一个是化学工程联合国家重点实验室。后者是清华大学、天津大学、华东理工大学和浙江大学四个单位共建的，所以相当于浙大只有一又四分之一个国家重点实验室。那时 CAD 的研究势头很猛，分管科研的副校长胡建雄开始筹划，"七五"期间让浙大在这个方向冲击国家重点实验室。

1985 年 5 月，教育部在清华大学召开会议，商议在教育部高校筹建国家重点实验室的方案。国家计划在"七五"期间建设 50 个国家重点实验室，其中教育部负责建设 24 个。梁友栋老师带着我和机械系的一位老师去北京申报。我们在会场外面等待申报答辩，但并没有通知我们进去答辩，我们就回来了。会后一个月左右，我们收到通知，浙大的 CAD&CG 国家重点实验室（简称 CAD 实验室）被列入了国家"七五"建设计划。

在北京期间，我们还去了科技部——那是我第一次去科技部，我们说是去递交材料的，门卫就让我们进了。我们向科技部的领导介绍了计算机辅助设计与图形学的研究内容和应用案例，梁老师着重介绍了该项研究在飞机设计方面的应用成果，对方听了很感兴趣。

1986 年以后，石教英老师开始担任计算机系分管科研的副系主任，一年以后他就任浙大科研处处长。他有力地支持了 CAD 实验室的筹建，努力推动数学、计算机和机械三系的合作。数学系做了很多理论方面的工作，计算机系做的是应用的平台和软件。计算机系有一位金廷赞老师，是北大数学系毕业的，他写了一本图形学的教科书。机械系主要做应用，如模具 CAD，与数学系的老师有深度合作。机械系的应道宁、计算机系的石教英和数学系的梁友栋老师都是同一批从美国回来的。1987 年，冯培恩加盟了实验室，他是 1985 年从德国留学回来的专家。

我们最早的实验室在教一 104 室。开始时实验室的设备非常简单，一台微机，一兆内存，十个终端，学生就来上机了。后来因为要做真实感图形，好不容易引进了一台 512KB 内存的 PDP-11/44。第一篇 Eurographics 文章的成果就是在这台机器上编程实现的，真的不容易。我们的第一个博士生朱一宁同学，CAD实验室的两篇顶刊会议论文的程序部分都是他编写并调试成功的。他原为金廷赞老师的硕士研究生，我在数学系开图形学的课，他很感兴趣，就加入了我们的实验室，于1986年成为梁老师的首位博士生。1987年，我们的"计算机图形的基础理论与算法"项目获得了国家教委科学技术进步奖一等奖，入选《中华人民共和国重大科技成果选集：1979—1988》。与此同时，石老师主持的"七五"攻关项目"VAX系列（Unix）机械产品计算机辅助设计支撑软件系统的研究"取得了重大成果；计算机系潘雪增老师开发的电子线路印刷板CAD系统获得了1989年浙江省科学技术进步奖一等奖。1988年，我们和浙大机械厂合作开发了一套MESSAGE软件系统，这是国内首套融合了自由曲面功能的产品实体造型系统，该系统顺利通过了国内权威专家的验收，得到了专家的高度评价。

以上这些都是实验室初创时期的工作，为实验室的成立奠定了基础。1988年，实验室建设的论证会议在北京举行，石教英老师组织会议。为了办好这次会议，学校科研处帮我们做了很多工作，多方联系论证专家。最后，浙江大学CAD&CG国家重点实验室顺利通过论证，正式列入1989年国家建设计划。

在国内学术界，浙大的影响力也在逐步形成。教育部组织了一个高校几何协作组，每年定期组织召开CAD会议，梁友栋老师是组长，他联络复旦大学、山东大学、中国科学技术大学等单位的计算几何学界的学者。另外，石教英老师作为科研处处长，在全国高校中也有很大的影响力。

最好的楼层，一流的设备

1989年，CAD实验室进入正式建设阶段。石教英老师任筹建小组的组长，我和应道宁是副组长。当时面临的三大任务：第一是场地和设备，第二是招人，第三是尽可能建立影响。

关于实验室场地，原来 CAD/CAM 研究中心所在的教一 104 室的空间显得狭小，得另找地方。这里要特别感谢路甬祥校长的高瞻远瞩，他把机械系教一的整个三楼都给了 CAD 实验室。他没有去动其他学科的"地盘"，而是将机械系所在的教学大楼最好的一层给了我们，这样大的格局令人敬佩。

1991 年 9 月，筹建中的 CAD 实验室要在浙大举行落成典礼，与此同时召开一次国际会议，扩大实验室的影响力。实验室的装修等工作已显得非常紧迫。1991 年 3 月，还有老师在教一的三楼给学生上课，教室还没有腾空，直接影响了装修进程。我心里着急，有一次他们在上课，我就冲进了教室，提醒他们这个地方学校已经分配给我们 CAD 实验室了。任课老师很不高兴，校办后来给他做了解释，这个地方确实是学校办公会议确定下来给 CAD 实验室的。

关于实验设备，我们瞄准的是国际上最好的图形工作站，因为我们当时下决心，国家重点实验室就应该瞄准一流的设备。布局上，我们两条腿走路，普通的教学研究工作用一般终端，重大的项目攻关用专人专用的工作站。关于设备的购置，石教英老师制订计划，我去跑腿，货比三家，跑北京、跑上海，和这些公司都很熟了。1991 年左右，设备已经基本上买齐了。这些设备在国内肯定是一流的，可以比肩国际一流水平，至少跟我在英国的实验室相比毫不逊色。

然后就是进人。最早来实验室的是数学系梁友栋老师的几名学生，包括 Eurographics 1989 最佳论文奖的获得者徐皓。这背后有个故事。绘制真实感图形当时有两种方法：一种是基于几何光学，即假设光沿直线传播；另一种是基于波动光学，即认为光是一种电磁波，以波动的方式传播。在 SIGGRAPH 1984 大会上，来自美国康奈尔大学的学者提出了第三种方法，认为光也是一种能量，可根据光能在场景空间的传播和分布来绘制真实感图。但他提出这个方法后，并没能引起学术界的关注，论文发表四年后，还是没有人响应。我参加 SIGGRAPH

1987 后回到浙大，专门和同事、同学进行了一次研讨，当时就讨论到了美国康奈尔大学学者的研究工作，大家觉得很有意思，开始七嘴八舌，最后下决心研究这个方向。这个课题涉及光能辐射度的问题，我们注意到这种方法可以扩展到包含一般镜面的复杂场景，而之前的辐射度算法是无法做到的。1988 年，我们在 SIGGRAPH 1988 上发表了相关的研究论文，引发了国际图形界学者的广泛关注。另一篇论文则在 Eurographics 1989 上发表，并获得最佳论文奖。从此以后，光能辐射度成为与光线跟踪并列的两大真实感图形绘制方法。

后来，我的几个博士毕业后也加入了实验室，比如高曙明等。石老师的硕士生施服光，西安电子科技大学的硕士林海，还有计算机系的吴吟、蔡文立等，他们也是 1990 年春硕士毕业后来到实验室的。

彭群生教授接受 Eurographics 1989 最佳论文奖

人员聚起来后，就要考虑下一步工作了。我们的目标是在 1991 年实验室举行落成典礼，同时举办国际会议，把我们的知名度打响。为此，我们从 1990 年就开始做准备。1990 年，Eurographics 大会在瑞士召开，我跑到瑞士去参会，为我们的国际会议"打广告"，把嘉宾请到浙大来。那次大会国内去了三个人，清华大学孙家广、中国科学院计算所刘慎权和我。我们拿着会议征文通知到会场门口发放，但遭到时任 Eurographics 理事会主席的英国专家的抵制，他们把我们预先摆放在会议桌上的国际会议征文通知都收走了。会议期间，刘慎权找到他认识的一位瑞士专家（Eurographics 理事），请他支持我们在杭州举办的国际会议。石老师同德国的 Encanacao 教授（Eurographics 前任主席）也取得了联系。

我则去日内瓦拜访了一位刚从加拿大回到瑞士的著名图形学教授 Nadia M. Thalmann 女士，她和她先生都是图形学方面的专家。Thalmann 女士并不认识我，我说我来自中国杭州，浙江大学建立了 CAD 实验室。我介绍了自己的学习经历和发表论文的情况，还对她说，中国有悠久的历史文化，如果你愿意去，我愿意陪你去走走看看。这样一说，他们夫妇很感兴趣，说中国西安的兵马俑很有名，想去看看。我还向他们推荐了桂林山水，说像美丽的画卷，他们的兴趣就更浓了。

为了举办这次国际会议，学校当时可谓举全校之力。这和路甬祥校长重视国际格局的理念是分不开的。1991 年 9 月，实验室落成典礼和国际会议如期召开。在各方努力下，美国的专家来了，瑞士的专家来了，德国的专家来了，日本广岛大学荣誉教授 E. Nakamae（日本图形学的元老）也来了。国际图形学领域的顶尖专家见证了我们的开幕式，路甬祥校长发表讲话。事实上，这些国际大牛与中国的合作，就是从我们这里开始的。这次会议也奠定了浙江大学 CAD 实验室在国际学术界的知名度。我们也在国内树立了一个举办国际会议的样板。

当时，我们安排会议嘉宾住在西湖国宾馆。大会欢迎晚宴是晚上在西湖国宾馆的草坪上举行的，王启东副校长代表学校出席晚宴。那天刚好是中秋节，天上

CAD&CG 国家重点实验室成员合影（1992）

一轮皎洁的月亮，银色的月光浮动在西湖水面上，充满了诗情画意，把日本专家看呆了，Nakamae 教授说第二年还要再来。我们还在邵逸夫科技馆（邵科馆）举办了动画晚会，这是我从 SIGGRAPH 学来的做法，国内的很多学者都感到惊叹。同时，我们还在会议期间召开了实验室第一届学术委员会会议，学术委员会聚集了国内一批顶尖学者，包括北京航空航天大学唐荣锡、清华大学唐泽圣、中科院计算所刘慎权等国内 CAD 与图形学领域的学术大师。

两大法宝

1992 年，国家进行重点实验室评估，第一批共评出了五个优秀国家重点实验室，我们实验室名列其中，而且新兴领域就我们一个。美国 *Science* 杂志对此进行了报道，实验室的知名度一下就上去了。

我认为 CAD 实验室的成功有两大法宝。第一是学科交叉，计算机辅助设计与图形学属于新兴的交叉学科，没有一个学科可以单独胜任。图形算法设计涉及很多数学知识，数学理论则需要找到应用场景。浙大原来是按系招生的，学校给我们实验室的优惠条件是我们可以去各个专业招收研究生。比如为了开展红外仿真研究，我们招的就是物理系毕业生；而为了开展波动光学研究，招的博士生则是光科系的。第二是实验室相对独立，人事独立，财务独立。可以独立进人，教授的评聘也是独立的，我们有独立的学术委员会。

我还想强调的是，CAD 实验室的发展历程和浙大的整体发展是分不开的。20世纪 80 年代，路甬祥校长大刀阔斧地对科研管理体制进行改革，比如在教师业绩考核时采用业绩点制。他在全校大会上说过："大家要相信，目前这种记业绩点的考核制度只是暂时的，是在特殊时期激励科研生产力的一项举措，等浙大整体的科研规模和质量上去了，会调整这种基于量的评价考核机制，追求更高质量发展。"路校长的思路是很清晰的。"特殊"主要是因为那时浙江大学刚刚从中国科学院高校、省属高校纳入教育部管理，在教育部所辖的二三十所大学中，地位还不高。当时学校的首要目标是快速奋进与赶超。而计算机图形学方向的研究，是学校谋求脱颖而出的一个战略布局。如今，学科进步，要靠提高质量；提高质量的举措之一是要大力推动学科交叉。

彭群生

1980 年 12 月至 1983 年 9 月就读于英国东安格利亚大学计算机科学系计算几何与图形学专业。1983年 12 月至 2014 年 7 月在浙江大学数学系任教。曾任浙江大学 CAD&CG 国家重点实验室主任。

口述人：谭建荣

我选择浙大，有两个原因

1985 年，我到华中工学院（现华中科技大学）机械系念研究生。当时，周济老师刚从美国回来，他年轻有为，已经是国内最早研究 CAD 的专家之一，主要方向是优化。华中工学院还有一位叫胡瑞安的教授，他的主要方向是几何造型，在国内算是比较早开始研究这个方向的，他是从日本留学回来的。

CAD 工作最核心的部分是几何造型，区域填充、消隐、裁剪等相应算法是计算机图形的基本算法。学计算机图形学课程的时候，我们在教科书上学到一个重要内容：浙江大学梁友栋教授在美国留学期间，与他的学生提出了 Liang-Barsky 裁剪算法。这个图形裁剪的新理论和新算法已成功应用于商业图形系统，并已被国内外所有新出版的图形学专著引为经典方法。当时国内、国际上计算机图形学和 CAD 发展非常快，其中也有学者提出了很多算法。我个人认为，当时浙大在基础算法、基础理论方面在国内非常领先。

我毕业的时候想继续研究 CAD 和图形学，这个学科华中也不错，北航、清华、浙大都不错。浙大有两个特点，后来我来到浙大之后又有进一步体会。第一个特点是多个学院、多个学科一起参与，包括数学系、计算机系、机械系，很多老师都在一起研究。计算机系潘雪增和他的夫人平玲娣两个人一起工作，尽管条件很差，在教十一的一个很小的房间里，挤得不得了，我去看过、学习过他们的工作。第二个，金廷赞和彭群生在 PS 300 上做出了第一个计算机的真实感图形的 demo（演示），他们两个人的工作在中国是首创。

这两个特点是我没进浙大时就知道的，我想选择浙大就是这个道理。

我从华中研究生毕业时，华中本想叫我留校，我自己还有一个选择是杭州电子工业学院（现杭州电子科技大学）。杭电机械系系主任叫周千恂，跟浙大当时的机械系系主任童忠钫是哈工大的研究生同学。杭电机械系有一个机器人研究所，所长叫何发昌，他 20 世纪 80 年代就开始研究机器人，在国内也是领先的。我想，要么到杭电的机器人研究所，要么到浙大，但是进浙大门槛比较高。我后来还是进入了浙大。

我于 1987 年 7 月 11 日到浙大报到，学校按常规通知我 8 月 31 日开始上班。我一想，还有一个半月的时间，不能就这么无所事事，就找到了当时的机械系，要求提前工作。当晚就在教学楼的一个仓库房间里住下了，第二天开始参与教研室老师们的科研。白天和同事们一起工作，晚上就一个人在仓库继续干。

我来的时候，教一 104 室有一个 CAD/CAM（计算机辅助设计与制造）实验室，这个实验室是 CAD&CG 国家重点实验室的前身，以机械系为主组织。梁友栋老师、彭群生老师、石教英老师——当时石老师是科研处处长吧——他们都在这里，我经常碰到他们。

我真正开始攻读博士是 1989 年，我对梁老师非常崇拜，就想读梁老师的博士。我进浙大的时候，浙大只有大概 20 个博导，80 多个教授。梁老师已经是教授了，彭老师也是教授，他们是最年轻的教授。20 世纪 80 年代的教授名额很少。我先问了彭老师，彭老师年轻一点，我和他比较熟悉，我说，我准备报考梁老师的博士生。彭老师说："其他事我可以帮你，你报梁老师的博士生，一定要找梁老师本人，他同意你才能报考。"

我就找了梁老师，把我以前发表的论文和做的工作都写成一个简介，交给梁老师。梁老师对我的工作还是比较认可的。梁老师是"文革"以前苏步青的研究生，水平非常高，要求也非常高，但是梁老师还是愿意接受我这个非数学专业的人来攻读数学系的博士生。

读博士时，彭老师带领我们争取到一个浙江省科技厅的重点项目，叫"工程图纸扫描识别"，这也是我后来博士论文的内容，如何扫描工程图纸并识别出来，也就是从图像里面提取出工程图纸中的信息。

我记得这个项目有 8 万元经费，在 20 世纪 80 年代算得上比较大的项目了。我进入机械工程图学教研室（系浙江大学工程及计算机图学研究所的前身），发现机械系很多老师没钱买上课的教材，上完课布置作业的时候，要向学生借一本教材，因为老师的是老版本，问学生借一本新版本翻一下是第几页，新老版本的页码不一样。

1992 年，我获得博士学位，我虽然是在职的，但是读的是全日制的博士生。2 月通过博士论文答辩，4 月路甬祥校长亲手为我授予博士学位证书，就在第七教学大楼的影视厅。当时毕业的博士生还不多。

博士毕业后，我争取到一个省基金项目和两个国家自然科学基金项目，这个经费也在教研室使用。当时教研室老师要开展工作，教材、辅件都没有，要补挂图，要做模型，很多钱都在我们的科研经费上开支。当然现在看起来是不对的，科研经费用来支持教学了。但在学校困难的时候，除此之外，没有什么办法能够维持教学。20 世纪 80 年代末 90 年代初，学校的经费非常紧张。我是华中毕业过来的，华中当时的办学条件比浙大好，而且好得多，比如教师宿舍的条件，华中副教授比浙大教授住的房子还要宽敞。

1987 年，华中的科研经费是 3000 万元，这年我进浙大的时候，浙大的科研经费也是 3000 万元；但是过了十年，浙大的科研经费就到 3 亿元了，华中还是 3000 万元。后来国家对科技比较重视，企业也需要科技，经费就比较多了。

CAD实验室的成功经验

我觉得 CAD 实验室最成功的就是三系合作，而且三系各有所长，数学系在 CAD 图形学算法方面，可以说达到了国际领先水平。彭老师带领研究生写了几篇高水平论文，其中一篇是中国学者首次进入 Eurographics 的论文，而且被评为最佳论文奖①。大概是 1988 年，我印象比较深，有一篇获奖论文后来又进入了 SIGGRAPH。这是两个标志性的学术会议。

本来国际舞台上以欧美学者为多，中国学者中，浙大彭老师、梁老师的团队率先登上了国际计算机图形学的舞台。后来国内还有清华的孙家广院士团队也发了几篇文章，但最早是浙大。

计算机系主任何志均老师，牵头一个"七五"攻关项目"VAX 系列（Unix）机械产品计算机辅助设计支撑软件系统的研究"。这个自主研发的 CAD 软件就是大天软件的前身。三系合作的架构好在哪里？数学系重点搞算法，计算机系主要搞编程，应用对象是机械系统，应用的企业是杭州汽轮机厂。这是一个机械部的攻关项目，标志着何志均和石教英等教授领导下的计算机辅助设计及计算机图形学的研究已达到国际水平。国家计委于 1988 年在浙江大学建立了 CAD&CG 国家重点实验室，它成为国内的重要研究重镇。

我后来听董金祥老师说，何老师要求自己的五位研究生（潘云鹤、朱淼良、王申康、孔繁胜、高济）自己去找项目，这个"七五"攻关项目就交给董老师做了。所以董老师是这个项目的实际负责人。

2015 年，梁老师大概 80 岁的时候，办过一个纪念梁友栋教授执教 50 周年

---

① "Accelerated Radiosity Method for Complex Environments" 于 1989 年获 Eurographics 最佳论文奖，作者为徐皓、彭群生、梁友栋；"PERIS: A Programming Environment for Realistic Image Synthesis" 于 1988 年获国际期刊 *Computers & Graphics* 最佳论文奖，作者为朱一宁、彭群生、梁友栋。

的座谈会，请来了很多国内的数学大师，包括很多院士，梁友栋老师虽然不是院士，但数学界的人都认为他的水平超过一般的院士。

彭老师是国内做计算机真实感图形的开拓者，研究方向包括 NURBS[①]。后来我知道，彭老师在英国做的博士论文就是 NURBS 求交，他做得非常领先。计算机系开发了 VAX 系列软件，后来演变为大天软件，并继续推进。由此，国产自主 CAD 软件做起来了。

当时机械工程图学教研室的机房在教一的四楼，是校内最好的机房，这里的一台小型机的配置蛮领先的，用的是 Linux 操作系统，在这里上机的人多得不得了，计算机系的人都来上机。

石教英老师是国内科学计算可视化（visualization in scientific computing, VISC）的开拓者，浙大也是国内最早开始做虚拟现实研究的高校。20 世纪 90 年代初，教一的三楼有一台美国进口的 CAVE（洞穴自动虚拟环境）系统，那是国内最早的一个虚拟现实系统。

石老师和彭老师还一起组织了几个大型会议，比如 CAD/Graphics[②] 和 CHINAGRAPH[③]，一个是国际的，一个是国内的，都非常有影响力。

梁老师、彭老师和石老师在培养人才方面都做了很大的贡献。还有两位教授也非常突出。一位是金廷赞教授，后来因为种种原因，没有评上博导。当时评博导很困难，但是他在计算机图形学领域孜孜不倦地研究，在国内非常有名，他写的《计算机图形学》（浙江大学出版社，1988 年）很有影响力。还有一位是机械系的陈家平教授。他是从德国回来的。当时他要模仿 AutoCAD，开发一个中国

---

① NURBS: non-uniform rational B-splines，非均匀有理 B 样条。

② 计算机辅助设计与图形学国际会议（International Conference of CAD/Graphics）是计算机图形学和计算辅助设计领域非常重要的国际会议。它由中国计算机学会计算机辅助设计与图形学专业委员会创办于 1989 年，每两年举办一次。

③ CHINAGRAPH：中国计算机图形学大会。

版的 AutoCAD，用 Fortran 语言编。他成天在三楼的一个大机房上机，孜孜不倦地开发具有自主知识产权的 CAD 软件。

1992 年，科技部委托中国机电一体化技术应用协会评测具有自主知识产权的 CAD 软件，全国第一批评了 17 个，其中浙大就有两个，一个是董金祥老师的大天 CAD 软件，另一个就是我们教研室由周广仁老师牵头、我主要参与的一个 CAD 软件。后来我们这个软件产业化做得不错，董老师成立了一个公司，把这个软件推广给了很多用户。

我的博士学位论文答辩委员会的主席是何志均老师，何老师对我的工作高度评价，我的第一个国家自然科学基金项目就是请他帮忙推荐的。孙守迁比我早半年答辩，他是冯培恩老师（1996 年起任浙江大学副校长）的博士生，一毕业就做了何老师的博士后。何老师动员我也到计算机系读博士后。我们的系主任说，你还是留在机械系吧。我就留在了机械系。

鲍虎军理论上是我师弟，也是梁老师的学生；潘志庚是石老师的第一个博士生。鲍虎军和潘志庚都很优秀，论文很多，而且非常努力。

后来，我当了机械系系主任。相当长一段时间里，我的主要精力还在 CAD 实验室。CAD 实验室的第一次评估是彭老师负责的，彭老师叫我帮忙，报告是我写的。实验室评估结果是"优秀"，后面的报告都会参考我这个报告。我的运气比较好，1994 年评选首届国家杰出青年科学基金，浙大评上两个人，樊建人和我，国家自然科学基金委对我们两个人比较认可，而且一直延续至今。实际上，1994 年的基金是 1995 年初评的；1995 年中评的是第二届，浙大一个都没有；1996 年第三届，浙大两个，一个是褚健（1997 年），另一个是马利庄（1996 年）。马利庄的博士论文答辩比我早半年，苏步青先生是答辩委员会主席，苏老对他评价很高。梁老师和苏步青先生关系很好，苏先生到浙大来做过好几次报告，我都去听过。马利庄以后就是鲍虎军（1999 年），同一个团队连续出了三个杰青，在国内也比较少见。

1998年四校合并以后，由于种种原因，CAD实验室隶属于计算机学院。路甬祥校长思想比较前瞻，他知道实验室需要多学科交叉。为什么当时石老师是实验室主任？因为他是科研处处长，可以协调三系的关系。这也是后来筹建国家实验室的一个重要条件，既要能够三系交叉，又要相对独立。

研发自主产权的CAD软件

2019年4月，中国工程院院长徐匡迪院士在上海的一次院士沙龙上做了一个发言。他说，现在人工智能搞得轰轰烈烈，从东到西，从南到北，都在搞人工智能，但是都停留在应用的层面，对算法研究却很少，不研究算法，仍然掌握不了人工智能的核心技术。

浙大在计算机图形学的算法方面，除了梁老师、彭老师以外，还有数学系几位老师也有研究。比如蔡耀志、汪国昭和王国瑾的研究涉及很多曲面曲线、求交、消隐的算法。算法不是小事。很多人以前没有认识到算法的重要性，或者说认识不充分，认为算法是个软东西。现在大家认识到，做工业软件最主要的是在核心模型、核心算法上取得突破，唯有如此，才能够真正掌握自主知识产权。真正的知识产权，通过算法来体现；用人家的算法，只能是实现应用。

所以徐匡迪院士问："中国有多少数学家投入人工智能的基础算法研究？"我认为徐院长提的这个问题非常对，像华为，为什么厉害？原因有很多，其中有一点，任正非说华为有800个数学家。真正掌握核心技术，一定要数学建模，任何创新到最后都要进行定量分析，需要计算机模型、数学模型，不然什么都糊里糊涂。其实早期的计算机科学家冯·诺伊曼、艾伦·图灵等，都是数学家出身，所以有数学系的几位老师加入计算机图形学的研究，是非常重要的。

过去，我们就是算法搞了很多，软件没有搞出来。有一次 CAD 实验室开会，潘云鹤校长在场，我也提了这个意见，现在科技部、工信部都非常重视工业软件，重视自主知识产权，这是一个契机。我觉得算法是基础，现在我们有基础条件。当然图形也做得很好，而且很多人在外面开了公司，也不错，融资融到好几个亿。但是我觉得，学校要组织强大的力量，结合浙大图形学的优势、算法的优势，开发一套工业软件并在全国应用，把 CAD 工业软件这块搞上去。CAD 工业软件怎么搞呢？我个人认为，跟工业设计结合起来，倒是有优势的。

全国哪个地方最早做工业设计？就是浙江大学，机械系许喜华老师 20 世纪 80 年代就开始做了。其实工业软件这方面，我们国家是"占了小便宜，吃了大亏"。有人认为工业软件是比芯片更短的短板，影响更大。1992 年，我国就有了 17 个自主知识产权的 CAD 软件，但是现在这些软件，有些消失了，有些惨淡经营。为什么？就是因为当时没有注重知识产权。现在我们国家提出要建设知识产权的强国，软件与知识产权的关联最为紧密，我们要保护好知识产权，开发中国知识产权的 CAD/CAE 分析的软件。

很多年来，我这个团队也注重 CAD 软件开发。2009 年，在工信部的支持下，我牵头负责一个全国性的数控机床数字化设计工具集，或者叫软件工具集。我们联合了全国七所高校和十个机床厂进行联合研发，很多机床厂都试用了这个软件。当然现在存在一些障碍，产业化方面做得还不够。2020 年我们获得国家技术发明奖二等奖的"高性能龙门加工中心整机设计与制造工艺关键技术及应用"，就是以这个软件结合龙门加工中心的创新设计，将数字化设计软件成功应用于数控机床。我初中毕业就进机床厂，工作了十五年，对机床比较熟悉。我们通过跟企业结合，发现了机床实际加工当中的一些问题，提出了整机正向设计难、加工精度提升难、机床性能保持难三个关键问题，然后用我们的技术成功解决了这三个关键问题，并且把它产业化了。

我们把 CAD 软件几何造型的算法跟计算机图形学的教学（理论图学、工程图学）有机融合起来，编了一本《图学基础教程》教材，把浙大 CAD 图形学的技术优势转化成了教学资源。2021 年，这本教材（第三版）获得了首届全国优秀教材奖一等奖，也在全国教材领域和教学领域得到了大家的认可。《图学基础教程》（第二版）入选了普通高等教育"十五"国家级规划教材目录（第一批）。

图形学在工程当中的应用非常重要，在工程中把 CAD 图形学跟机械设计紧密关联起来，融合起来，一定要多学科交叉。

梁老师的讨论班，在浙大开了先河

梁友栋老师去了美国之后，我们曾经邀请他回来做过几次报告。他一直说，包括电子商务在内，核心就是图形学问题。当时我还不太理解，现在看起来确实是这样。你看手机上买东西，商品的图像信息一定要很逼真，一件衣服的图，看起来像真的衣服一样，进入一个网上商场，和真实的商场一模一样，包括现在做虚拟现实，也是同样的道理。这是梁老师 20 世纪 90 年代就提出来的图形学问题。

大概 1992 年或 1993 年的时候，梁老师还做过一个关于缠绕 CAD 的重要报告。梁老师是国内缠绕 CAD 的开拓者，当时大部分人都没听说过缠绕 CAD。现在，缠绕在复合材料当中非常重要。缠绕 CAD 就像打毛线一样，缠绕编织出毛线衣，毛线是一根线，但一根线可以打出一个曲面来。编织当中有很多数学问题和优化问题。

梁老师在浙大是最早一个开办讨论班的，每周一次，请高年级的学生和年轻教师参加，每周挑一个人来做报告，老师来点评。报告的题目有自己找的，也有老师提的。一开始是梁老师主持，后来是彭老师主持，还有金通洸等其他几位数学系老师参加。通过深刻、尖锐的点评，学生和年轻教师的水平大大提高，看问题的方法、角度都不一样了。这个讨论班的水平比较高，我当时还没有做过报告，只是参与讨论。后来学校里很多团队也开始办讨论班。

人家没想到的，你能想到，或者能认识到比别人深刻的程度，就是创新。写作也是这样，很多时候，我们对事物的认识，"知其然而不知其所以然"，只有知其所以然了，才能写得出来。小说（novel）这个词跟创新（innovation）的词根是一样的，为什么是一样的？写文章靠的不是语文，主要还是一个认识，你对这个事物认识深，就能讲得透，就能写得好。写作的技巧还是第二位的，第一位是认识生活、认识世界的思维方式和认识深度。

我们经常到企业去，解决企业的问题。我有个博士生说，谭老师，你老是叫我到企业去，我博士论文写不出来了。我说，你不去企业，整天蹲在实验室里找文献，更写不出来，因为你对这个事物没有感性的认识，没有深刻的见解，你的论文就写不出来了。对我们工程学科而言，不能离开工程的背景，一定要跟企业结合起来，一定要深入车间去发现问题、解决问题，对问题的认识才能比别人深刻一点、全面一点、超前一点。

创新设计成为国家战略

大概从 2008 年或 2009 年开始，到 2012 年，潘云鹤院士策划了产品自主设计的院士咨询项目，他后来找到我说，你现在是院士了，可以一起参与。这个项目得到了工信部的高度评价。后来，路甬祥又提出"创新设计发展战略研究"，跟前面这个项目是衔接的，两个项目就融合为一体了。当然工程院立项是非常认真的，答辩时，不管你是什么身份，院士提问题都很尖锐。这个项目的依托单位是中国机械工程学会，秘书长宋天虎给我打电话说，总不能叫路老师去挨批评吧？他认为潘院长也不合适。最后，路老师的项目由我去答辩，答辩得还好，顺利通过了。后来，孙守迁和现在到同济大学的徐江，他们参与得比较多。

所以，创新驱动的国家战略 ① 最早是路甬祥提出来的，创新设计引领，创立"中国好设计"奖项，每年组织评选。2019 年 12 月 9 日，"中国好设计"颁奖典礼在厦门举行，路老师当时腰不太好，没去，潘校长去了，我也去了，我是临时去的。这个会邀请毛明院士——201 车辆所的兵器集团的首席科学家——做了一个坦克创新设计的报告。毛明说："我不知道谭老师会参加今天这个会，我更不知道谭老师今天会主持。"潘校长是临时叫我来主持会议，所以他确实不知道。他说："我这个 PPT 一个礼拜以前就交给了会务组。PPT 里写着，我们 201 所坦克设计的主要参考书就是谭建荣老师编的《现代机电产品设计》。201 所有 800 多个设计人员，人手一册，作为主要参考书。"

▶学生说

刘振宇：

我是 1992 年读的机械学院本科，当时 CAD 实验室在三楼，我们实验室在四楼，每次路过 CAD 实验室，都非常羡慕实验室的人。当时我们国家在国际上有影响的领域还不多，CAD 图形学在国际上有影响力，我们都觉得是一个"高大上"的存在。

1996 年，我本科毕业，有一个读博士的机会，我就选择谭老师做我的导师，开始有机会近距离地参与到 CAD 的研究中来。我选择在谭老师这里读博，其中一个重要原因就是谭老师的研究是机械和计算机的交叉研究。我的博士论文题目是"虚拟装配"，也就是研究虚拟现实在产品设计和产品装配领域的应用。CAD 实验室的学术前辈，以及 CAVE 实验室的实验条件等各种软硬件条件，为我的研究和我个人的成长都提供了很好的条件和支撑。

---

① 2016 年 5 月 20 日，中共中央、国务院发布《国家创新驱动发展战略纲要》。

1996 年我直博的时候，印象最深刻的是 10 月的 CHINAGRAPH 会议，第一届就是在浙大召开的。我记得来了很多国内外的学者，我自己虽然只是作为一个观众，但这是我参与的第一个高水平学术会议，就这样开始一步一步地参与并见证 CAD 实验室的发展。

谭老师给我们的印象是做学问非常严谨，工作也非常投入，只要不出差，大部分时间都在实验室。导师在实验室嘛，我们学生也在实验室。我们做学生时，基本上一个星期只有一个单元时间（一天三个单元时间：上午、下午、晚上）用来处理自己的事情，其他大部分时间都在实验室。谭老师非常重视言传身教，包括科研上的投入，包括怎么从工程问题当中提炼科学问题。他的培养也非常全面，既包括怎么写论文，也包括怎么解决企业的工程问题。他手把手地指导我们，使我们得到了比较多的培养和锻炼。相对来说，现在的学生培养主要聚焦在写论文的培养，而我们当时全过程参与项目申请，博士生阶段就学习怎么写项目申请书，这样我们毕业以后写项目申请书，命中率就比较高。谭老师认为培养应该"两条腿"走路，所以同时强调我们要跟很多项目，要解决企业的实际问题，在这个基础上提炼出科学问题，把学问做深。这对工科人才培养，特别是对 CAD 这个方向的人才培养来说是非常重要的。

谭建荣

1989 年至 1992 年就读于浙江大学数学系应用数学专业。1987 年至今在浙江大学机械学院（系）任教。

四、创新设计，
助推中国智造

计算机携手设计，将碰撞出怎样的火花？20世纪，工业时代呼唤出了工业设计；在21世纪的信息网络时代，人工智能、大数据、云计算等新一代技术给设计增添了更多可能性。1990年，在浙江大学向研究型大学转型的重要时期，在时任校长路甬祥院士的提议下，潘云鹤教授牵头创立了浙江大学现代工业设计研究所，工业设计专业也相应成立。

当时，在计算机学院办工业设计的高校在全国实属绝无仅有，而潘云鹤院士给浙大工业设计学科的定位便是勇探"无人区"。在这里，艺术给科技插上翅膀，形象思维与逻辑思维交叉融合，人工智能与工业设计相辅相成。秉承创新设计理念，浙大工业设计学科探索"设计+X"五维创新构成，催生出创新设计引领下的产业新形态，推动中国制造向中国智造、中国创造转型跃迁。

在浙大工业设计专业成立初期，"学科交叉、文化包容、鼓励探索"成为关键词。在这一篇章中，我们将读到早期工业设计学生自己组建计算机"承接"商业化设计项目，在企业赞助下开展毕业设计并制作出"热销"的产品模型等经历，感受浙大工业设计学科致力于培养能够胜任创新设计的将才与帅才的文化传承。

回顾浙大工业设计30余年的发展历史，我们可以看到锐意改革的勇气、勇于担当的魄力和一脉相承的创新精神。展望中国设计产业的未来，我们必将在融通科技与艺术、重塑产品商业模式、服务国计民生和传播中华文明的创新设计一线，看到更多浙大设计人的身影。

1990 年，在时任校长路甬祥的提议下，潘云鹤牵头创办了现代工业设计研究所。浙江大学工业设计专业成立，首批共招收学生 16 人。

20 世纪 90 年代，现代工业设计研究所教师们在讨论交流

口述人：潘云鹤

计算机会深刻改变设计

1990 年，浙大正在经历重要的改革期，其中一项重大改革就是要从教育型大学转变为研究型大学。为了使教育和科研能够更加紧密地结合起来，用研究所来把教育办好，在时任校长路甬祥的领导下，学校的教研室被转变为研究所，推动浙江大学向研究型大学转型。

因为我曾学过建筑设计，又从事过计算机美术方向的研究，在一次欧美同学会上，路甬祥校长找我谈，希望我创办工业设计研究所和工业设计专业，并担任工业设计研究所所长。当时我已在计算机学院担任人工智能研究所所长。

在工业设计研究所创办的初期，全国工业设计专业有两种主流办学模式。第一种模式是在艺术学院办学，培养方案以学习艺术设计、外形设计为主，因此工业设计也曾经被称为工业美术。这类艺术学院开设的基础课主要是平面构成、立体构成、色彩构成一类，再加上少量工业相关的人机工程、机械、材料等课程。第二种模式是由机械系开设专业，主体课程是机械相关的设计与构成，以及一些艺术类课程。这两种模式的课程大多相同，但各有侧重，究其本质，实际上都是学习如何改良工业产品的外观设计。

当时计算机研究领域已经出现了一个新的方向，那就是计算机辅助设计。

将计算机技术应用到工业设计界，会对计算机辅助设计和设计教学成效产生巨大的影响。比如学生过去学习美术时，主要需要训练眼睛和手。一方面，眼睛要能够识别艺术的美感，另一方面，手要能够用画笔绘制。而如果使用计算机辅助设计，教学的重点就发生了变化。学生只要训练眼睛对艺术觉察的敏锐度，而不需要训练用手绘图，因为大量作图都可以用计算机来完成。例如过去我在学习建筑学专业课时，需要花很长时间练习用鸭嘴笔绘画，用毛笔渲染还要花费大量时间练习仿宋体的书写。由于CAD的出现和发展，这些都已经成为历史，而人工智能会继续对设计方式与设计教学产生重大影响。

浙大工业设计系与当时全国甚至是全世界的办学模式都有所不同，我们的目标就是要办一个新的方向，即沿着设计和信息技术相结合的方向前进。既然如此，我们将研究所命名为"现代工业设计研究所"，"现代"二字就体现了浙大工业设计学科的定位和传统的工业设计学科是有所不同的。

我认为浙大工业设计学科成功之处就在于学科方向具有勇探"无人区"的特性。在这个"无人区"当中，我们已经探索到了正确的方向。斯坦福大学曾提出设计要进行转型、开辟新的方向，而它所提出的新方向和浙大的研究方向几乎不谋而合。

如今，计算机技术介入工业设计领域的程度已经越来越深。如果没有嵌入式系统、控制学相关知识作为基础，工业设计中的功能设计就很难实现。将信息化融入工业化也是目前的国家战略之一。在数字经济时代，信息技术无论对设计的过程还是产品本身而言都非常重要。因此，无论是从国家政策、经济社会发展趋势还是产品设计需求出发，在计算机学院办工业设计专业都符合时代发展的方向。

1990年，浙江大学成立现代工业设计研究所，我兼任所长，致力于对工业设计进行现代化改革。总体而言，实施了以下三大改革举措。

一是推动设计和信息技术相结合，如计算机辅助设计和智能产品设计等。将工业设计专业办在计算机学院之内，有利于逻辑思维和形象思维的结合，也有利于人工智能和图形设计的结合。

二是推动设计和文化相结合。中华文化特色鲜明，理应更系统地在设计上用起来、向国内外挥洒出来。传统设计教育的基础课中的三大构成都是形式构成。而文化与民族、区域、历史有关，文化的构成综合了形式和内容，具有很多独特的规律，比如引典构成、对比构成、夸张构成、集群构成等，都不同于形式构成。因此我新开设了一门"文化构成"课程，讲授形式和文化语义（内容）兼顾的构成方法。

三是总结提出了设计的五个创新方向，即科技创新、艺术创新、人机交互创新、文化创新、商业模式（业态）创新，使浙大工业设计走向一个宽阔而新颖的发展格局。过去30年的发展，已表明创新设计符合数字化改革和中华文化崛起的大潮。如今创新设计已走向全国，正推动中国的设计和制造迈向更高层次。

"计算机辅助产品创新设计的技术与系统"项目
获2004年度国家科学技术进步奖二等奖（2005）

现代工业设计研究所是基于"少数人办大事"理念建设的。我们充分发挥了每位教师的主观能动性，鼓励每位教师都有自己的发展方向、发展风格，最后产生巨大的合力，推动浙江大学的工业设计学科向前迈进。浙江大学的工业设计学科虽然只成立了 30 年，正式教师只有 13 个人（还有一些其他系兼聘教师），但在第四次学科评估时被评为 A−。在这种情况下，能把学科办到这样的水平，我认为非常不容易，研究所的每位老师都发挥了巨大的能量和作用。

多个重要的中国工业设计联盟的秘书长都是在浙大现代工业设计研究所的 13 位教师当中诞生的，如工业设计协会秘书长应放天教授，创新设计产业联盟秘书长和机械工程协会工业设计联盟秘书长孙守迁教授等。这说明浙大工业设计系在全国的影响非常之大，地位非常之高。

浙大的工业设计对中国工业设计产业变革也起到了重大的推动作用，这与老校长路甬祥院士的引领密不可分。他牵头成立了中国创新设计产业战略联盟，致

路甬祥院士和潘云鹤院士出席中国创新设计产业战略联盟成立大会（2014）

力于领导中国设计走向创新设计，即以科技创新、商业模式创新、文化创新为核心，来推动五个创新方向相结合的工业设计。五条道路携手并进的产品与产业创新已经深刻影响了中国设计的发展方向，并使中国的设计在这个新的发展阶段中走到全世界的前沿。所以我认为，在过去的 30 年中，浙大的工业设计走出了一条很精彩的发展道路。

运用信息技术实现设计智能化表达

1978 年，我考入浙江大学计算机系，成为何志均先生的研究生。我选择的研究方向是智能 CAD。

1977 年，美国一位留学生在宿舍里做了很多卡片，每个卡片上写一个事物，比如钉子、橘子等。他将这些卡片进行任意组合，希望用这个办法形成一个新创意。一次他拿出三张卡片，一张写着发声的设备，一张写着词典，一张写着显示屏，他由此构思出了电子词典的雏形。这个人叫孙正义，后来成为日本软银公司的总裁。这种卡片组合的方法形象地表明，设计是一个集成创新的过程，这个过程可以形式化，并用人工智能和 CAD 的方法进行模拟。

智能 CAD 设计实际上是把计算机学科、人工智能学科和工业设计学科合在一起。这个学科研究三个核心问题：如何运用计算机技术于设计？计算机可以辅助设计中的哪些活动？设计是怎样一种智慧？设计是典型的人类智能活动，它不但需要形象思维，还需要逻辑思维。

研究生阶段为什么选这个方向呢？原因很简单，计算机、人工智能、设计这三个领域我之前都有涉猎。初中毕业后我考进杭州艺专美术系，学习丝绸设计，后来在同济大学又做过建筑设计。只有经过设计的专业实践，才能用人工智能去模拟设计过程所需要的知识，并且把这些知识形式化。我在研究生阶段不但学习了人工智能，还自学了计算机图形学。把这些知识优势聚集在一起，才能在智能CAD设计的研究上游刃有余，从而把设计知识表达好、推演好、显示好。

我的研究生毕业论文围绕的就是人工智能与美术图案实用设计结合的课题。当时在被称为"丝绸之府"的浙江，图案设计产业需要效率和时尚。这是一种艰难的探索。当时的计算机美术还处于用数学公式画出曲线网面的阶段，与实用美术相距甚远。利用人工智能技术改造计算机美术，从而应用于对绸布、地毯、印刷、塑料等许多产品的花样翻新和改造升级，具有十分诱人的产业应用前景。

这个课题之所以能够建立，也要感谢何志均先生。何先生在我开展硕士毕业设计时让我自己寻找论文的题目，所以我就找了这个题目。如果想从计算机图形学出发研究计算机辅助设计，一个重要的条件是要理解设计本身。只有掌握了设计原理，才能从单纯的图形学扩展到智能CAD。

何志均先生向校友介绍计算机辅助图形设计成果

1985 年潘云鹤完成的艺术图案制作专家系统代表中国国家成果参加在日本筑波举行的世界科技博览会

"装潢图案创作智能 CAD 系统的研究"项目成果获国家科学技术进步奖二等奖（1992）

研究面临的首要挑战就是缺乏资料。当时计算机图形学的主流研究基本上都是利用计算机来画图，并且研究设备条件比较差，显示器不是栅格扫描显示器，而是矢量显示器，所以大部分计算机图形学论文都是输入一个数学公式，得到一个图形，再通过参数调整画出一系列图形。这些完全不适用于实用的工艺美术。真正的工艺美术应该是面向对象广阔的设计风格，而不是很多数学图案。因此当时的资料很有限。

为了研究图案色彩智能协调系统，我广泛分析和综合了中外有关理论和经验，从中分析规律，建立了以色相、彩度、亮度为基本元素的色彩协调的知识表达和推演方法，进而提出了新的色彩智能协调算法，使得整个系统不但可以快速设计图案，而且可以对每幅图案快速变换色彩。该系统被应用到了轻纺行业，获得了国家科学技术进步奖二等奖。1983 年 6 月，美国诺贝尔奖和图灵奖获得者、卡内基梅隆大学的西蒙教授在参观时高度评价了这项成果。

形象思维与逻辑思维缺一不可

20世纪90年代初，我先后负责国家863重点项目和自然科学基金重点项目，开展了关于形象思维的基础研究；从"认知心理学"和钱学森的"思维科学"理论着手，综合了认知科学与艺术中对心象和形象思维的理论及实验，提出了形象思维中的三个形象信息模型。钱学森充分肯定了这一成果，写信道："你对形象思维重要性及抽象思维之不足有深入的分析，是对1984年8月会议认识的一次重大发展，使我们对思维学的研究方向更加明确了，我们的任务是找突破口！你指出了突破口，这了不起！"

形象思维的研究可改进计算机图形学。运用计算机描述真实感图形，靠逐点计算，像照相底片曝光一样。运用形象思维的算法，就像人类作画，首先通过训练，获取各种几何形状表面上光线明暗和色彩变化的知识及规律；基于这些形象知识，计算机就能模仿画家的画法，由逐点绘制改为笔法绘制，能画出不但真实而且带有意韵的彩色世界。研究形象思维还能开辟AI（人工智能）的新方向。这些年多媒体技术发展迅速，面对丰富多彩的多媒体数据，字符型智能已远远不够用。必须让计算机发展运用视觉、听觉等多媒体数据的智能，并融通使用。"跨媒体智能"的概念，正是在这些研究中诞生的。

艺术和科学是推动人类文明进步的两个轮子，缺一不可。科学研究需要形象思维，尤其在提出问题和科学假设时。爱因斯坦常说自己脑中存在很多形象，就是这个道理。同样，艺术家也需要逻辑思维来认识艺术规律，新技术常能带来艺术的新发展。如当前的数字化智能化大潮让艺术插上新翅膀、飞向新水平。

文化是独特的设计基因

中国的设计一路走来，实际上经历了三大阶段。

改革开放以前，中国只有工艺美术设计学科，有一些工艺美术设计的高校和专科学校。改革开放以后，中国迅速引进了西方工业设计的理念与课程，促进了中国工业化的进程。工业设计以包豪斯的设计学理论为重点，主要包括平面构成、立体构成和色彩构成，人们可以通过这三大构成，学习美是怎么有规律地产生的。

但我发现，文化是包豪斯理论的薄弱环节，他把普遍的美学方法提炼出来，形成模型，却把文化排除掉了。文化本是有特色的美。我们发现很多楼房小区，从外观设计上根本看不出它的城市特色，甚至看不出民族特色。所以除了三大构成以外，还要有新的构成，也就是文化构成。文化构成和一般美学是不同的东西，它与民族、区域、历史有关，研究的是一种文化如何能构成它的美。同时，文化构成有很多独特的普遍规律，比如引典构成、对比构成、夸张构成、集群构成都是艺术构成中没有的或与之不同的普遍规律，它们产生于形式与语义的结合之中。

中华文化特色鲜明，理应更具自信，更加大胆地在设计上用起来，在中国大地和世界舞台上挥洒出来。中国江南的水乡乌镇与文莱的水上村庄有什么区别？看照片，一眼就能认出来。文化设计十分宝贵，它往往含有一种美的独有基因，这种基因是由历史、区域与习俗长期创造、积累和锤炼而成的，不是从平面构成、立体构成、色彩构成中推演出来的。文化基因一旦消失，便将永不再有。比如"一带一路"沿线的几十个国家就包含了相当丰富的文化元素。我们如果能巧妙运用各种文化元素，就可以在不同文化的交融碰撞中创造出更新更美的设计。

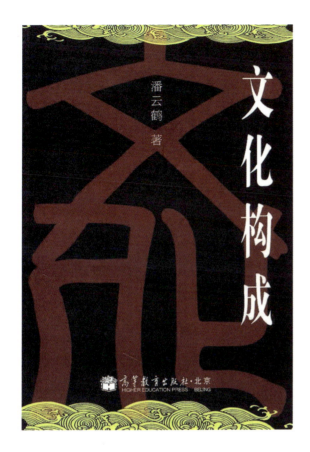

潘云鹤所著教材《文化构成》

从工业设计到创新设计

浙江大学现代工业设计研究所在摸索中国工业设计如何走向创新设计的过程中建立了一个模型。

这个模型展现了创新设计的内涵，包括五个维度的内容：科技的创新设计、艺术的创新设计、人机交互的创新设计、文化的创新设计及商业模式的创新设计。工业设计需要从这五个维度研究创新，从五个方向来交融推进创新设计的最终形成。

在这一模型中，技术的创新设计尤为重要，因为创新的设计其实是将技术成果联通市场，从而推动经济社会发展的主要桥梁。目前我国的科研成果转化水平和效率还不够高，就是因为创新设计推进得不够，没有利用好创新设计这个能把科技成果应用到经济中的最重要途径。现在中国的工业设计行业需要推动的，是将信息、材料、生物、能源和制造五类技术创新组合集成到产品设计中去。同时，作为数学新时代的创新设计师，必须重视商业模式创新，也就是业态创新。

创新设计的本质是对重要创新行动的构思、计划和表达。要理解创新设计，首先应该了解设计的演化发展。

无论在中国还是西方，早期都只有工艺美术设计。直到 1908 年，福特发明了汽车生产线，同时，建筑业大规模采用钢筋混凝土、钢和玻璃结构，取代了原来的砖石结构，工业化时代呼唤出了工业设计。

1919 年，德国包豪斯学院和它的工业设计应运而生。它注重实用功能，第一次将艺术与工业化制造结合的产品设计带到了人们日常的生产生活。由此可以看出，工业设计是工业化的产物。中国在改革开放以后，引进了西方工业设计的理念和体系，加速了中国的工业化进程。

到今天，工业设计已历经百年，它最初的基本原理依然正确，比如艺术与技术要统一，设计是向人提供更好的产品，设计必须遵循自然和客观的规律，等等，但我们也应该看到，它的条件、内容和目标都在随着历史进程的推进而发生巨大变化。

如果说包豪斯时代的设计是适应了生产线、钢铁、玻璃与混凝土时代的工业化，那么，今天中国的设计也必须适应数字化、网络化、智能化时代的工业化、信息化、城镇化和绿色化。正是这两方面原因驱动着中国的设计必须进行改革：一方面，设计的历史进程需要创新设计；另一方面，中国的新型工业化和数字经济需要创新设计，中国对这一方面的需求特别迫切，传统的工业设计走向创新设计是顺天应人之变。

创新设计融科技创新、艺术创新、人机交互创新、文化创新和商业模式创新于一体，是实现科技成果转化、创造市场新需求的核心环节。中国的工业化正处在一个产业结构升级的关键时期，而创新设计正是可资大用的有力引擎。

2013 年 8 月，中国工程院启动"创新设计发展战略研究"重大咨询研究项目。全国人大常委会原副委员长、两院院士路甬祥担任项目组组长，我担任副组长，组织了近 20 位院士、100 多位专家，分 10 个课题组，历时两年，在地方、行业和企业进行了广泛调查和深入研究。

2015 年 2 月，创新设计发展战略研究项目组向国务院上报《关于提升创新设计能力的建议》，研究成果引起党中央和国家领导人高度重视。

2015 年 5 月，国务院印发《中国制造 2025》，明确将"提高创新设计能力"作为重要举措之一列入"提高国家制造业创新能力"这一战略任务，并提出具体要求。

中国工程院"创新设计发展战略研究"重大咨询研究项目启动会（2013）

2016 年 12 月,《"十三五"国家战略性新兴产业发展规划》出台,"提升创新设计水平"又作为"促进数字创意产业蓬勃发展,创造引领新消费"的重要举措被单独列出,要求"挖掘创新设计产业发展内生动力,推动创新设计成为制造业、服务业、城乡建设等领域的核心能力"。

由此可见,提高创新设计能力已成为我国创新驱动发展战略的重要组成部分。它在全面提升我国的产业竞争力和国家竞争力,以及推动"三个转变"实现过程中所承载的重要意义,被提升到国家战略层面。

培养具有广博知识和开阔视野的人才

当下中国的设计要从工业设计转向创新设计,需要两条路同时走。

第一条路是用科技创新、艺术模式创新、人机交互创新、文化创新和商业模式创新设计各式各样的新产品,改造各类设计和制造企业,从而使我们的制造企业变成智能化制造企业,使我们的设计变成创新设计。

第二条路就是改造我们的教育,将原来的设计教育体系转化为创新设计教育体系,将工业设计的学生、教师和设计师变成能从事创新设计的学生、教师和设计师。

在中国,每年传统的设计教育培养出大量学生,但他们的知识结构不足以承担创新设计。因此,设计教育必须跟上变革,要培养学生掌握有关科技创新、文化艺术创新、人机融合创新、商业模式创新的知识与方法,培养学生组合这些创新元素服务于经济与社会的能力,同时培养学生与多领域专家协同创新的素质。

最成功的创新设计师必是那些善于与各种工程师、设计师、艺术家、市场经理合作和交流,甚至是能自主组织共同创新的人才。我们应该培养造就具有开阔的视野、广博的知识、灵活的思路、善于理解与组织的能力和素质的创新设计师，使他们成为中国创新设计的将才与帅才。各高校设计学科的带头人也要有变革的战略眼光，不但要谋技，而且要谋道，要有改革与发展设计的勇气和能力，通识古今中外，勇于探索创新设计的"无人区"。

过去，我们靠学习西方工业设计获得成长；今天，全世界都在寻求设计创新的变革之路。这一次，中国必须跟上变革并勇立潮头，以创新设计形成了的动能，促进中国制造向中国智造的跨越。

本文系由潘云鹤院士的已有采访稿整理而成，参考的采访如下。

[1] 中国工程院院士、浙江大学教授潘云鹤：学以致用 用而至新[N]. 浙江日报，2022-11-29.

[2] 著名计算机应用专家潘云鹤院士：勇闯无人区[EB/OL]. (2020-07-06) [2023-05-10]. https://www.ccdi.gov.cn/yaowen/202007/t20200702_221272.html.

[3] 潘云鹤院士：中国智造呼唤创新设计[J]. 科技创新与品牌，2019(11): 8-11.

潘云鹤

1978 年 10 月至 1981 年 10 月就读于浙江大学计算机系计算机应用专业。1981 年 10 月至今在浙江大学计算机学院（系）任教。

口述人：许喜华

一批珍贵的产品说明书

创办工业设计专业的想法最早来自时任光仪系书记张浚生和我的谈话。我20世纪70年代在机械系工作，和张浚生书记比较熟。"文革"后期，他跟我见面时谈到一个问题："我们国家生产的许多光学仪器的品质其实不错，但是由于造型问题一直没有办法出口，即使出口了，产品也卖不起价格。你能不能在光仪系开个课，介绍一下仪器造型的方法与技术？"说完后，他拿出了一批欧美国家生产的光学仪器的产品说明书供我参考，足足有四五十份，我看到后，如获至宝。因为当时国内还没有迎来改革开放，这些资料对于一般人来说很难获取到。这些说明书实际上都来自上海中国仪器仪表进出口公司，所以我又专门到上海，向进出口公司要了一些产品样本。

仔细研究了这批说明书和产品样本后，我发现国外生产的仪器仪表（如显微镜等）与国内生产的仪器相比，设计确实精美不少，可以算是大开眼界。当时我感到很震撼，同时也逐渐意识到工业仪器造型设计确实是一个很有经济价值的课题。

于是我开始收集理论资料并编写教材，逐渐积累成熟后，开设了"工业造型设计"这门全校选修课，成为全国最早开设这门课程的老师之一。这门课程从四校合并之前的浙江大学一直延续到四校合并以后的新浙大，一直很受欢迎。每年选课的学生少则 180 人，多则近 300 人。当想选课的人数超过教室容量时，我就优先照顾一些即将毕业的高年级同学和制造类专业的学生，比如光学仪器、机械制造、电子电气等与产品设计相关专业的学生。

在筹备工业设计选修课的过程中，我逐渐加深了对工业设计学科之于中国经济发展的重要性的理解。当时杭州有一个机械厂，它所生产的产品质量在国内甚至是国际上都位居上游，但是售价与同行相比非常低廉。"中国产品是一等质量、二等包装、三等价格"，当时行业中流传的这句话，反映了中国许多产品都存在包装的问题。现在回过头来思考这段历史，我们可以总结出，其实中国的工业设计学科最初的萌芽是紧密基于生产实践的。因为产业中出现了这样的经济需求，所以高校里就开始研究工业造型设计的相关课题。

在成立工业设计专业之前，我和来自上海交通大学、合肥工业大学的另外两位工业设计学的老师，曾在上海见面并交流各自的研究进展，还成立了全国高校工业设计研究会，这是中国高校中最早成立的关于工业设计的研究会。这个研究会之后被纳入教育部工业设计教学指导委员会，我们三个也就成为了第一批加入的老师。

当时浙大是最早参与工业设计学科建设的国内高校之一。其他院校也有一些老师去国外进修，有针对性地引进国外工业设计的研究成果。为了争取尽快成立工业设计专业，我向学校提交了至少 20 份报告并说明情况，因为我深知这个专业对整个国民经济建设的重要性。我在报告中提到："今年可以不成立，明年也可以不成立，但是 10 年、20 年以后一定有这个专业，非办不可，所以应该尽早成立专业。"从一定程度上说，浙大工业设计的理论水准，以及浙大对这个学科重要性的认知，当时在国内高校中可以称得上排在第一梯队。

在筹备工业设计专业的过程中，张浚生书记带给我的产品说明书让我的思想萌芽，而路甬祥老校长的鼓励则推动了这一专业的正式成立。

路校长从德国留学归来后在浙大任教。1989 年春节前夕，路校长曾联系潘云鹤老师、我以及李大军老师，让我们着手筹建工业设计专业并提出给予我们人力和物资的支持。等到过了春节还没有正式开学时，我就去联系分管副校长，并且开始积极地申请教室、编制、资金等资源，在现代工业设计研究所成立的基础上一步步地开始了工业设计专业建设。

在这个过程中，我也经历了中国工业设计学科由刚从国外引进到逐步被中国业界所认可与熟知的一条复杂而曲折的发展之路，也体味到了起初不为人所理解的艰辛。最开始，产品的造型问题被简单定义为工业美术问题。产业界普遍认为，工业设计研究的是美术问题。当时有学生提出了这样一个问题：浙江有一个"浙江省工业设计研究院"，那么国内是否已经有成熟的工业设计研究了呢？答案是否定的，因为当时这个"工业设计"只是针对工业某一细分领域的、比较狭义的设计，比如设备、厂房等。所以当时，我曾多次向学生、学校和社会人士介绍，工业设计丰富的内涵到底是怎样的。

我在开设工业设计选修课时，为了让同学们更好理解一些，在课程名称中加了"造型"两个字，但工业设计并不仅限于审美的问题，它还涉及产品的艺术感、与人的关系、安全性以及产品的外观能否揭示内在品质的认知心理学等一系列问题。为了与国际接轨，我们在专业成立时，还是选择了工业设计这个名称。

当时社会上对于工业设计的理解程度不够，很重要的一个原因在于工业设计的高度文化性和学科交叉的特质。一方面，设计的产品是为人服务的，所以它要符合人性化；另一方面，产品又是通过具体的材料或物质进行制造，并需要具备一定的物质功能，因此要符合相应的技术规范。在物质领域方面，工业设计又和材料学、机械学、电子学等工科学科高度交叉，近年来发展迅速的人工智能技术也通过各类传感器等智能设备促进了产品的智能化设计。产品高度智能化又会引发安全性方面的问题。因此，工业设计是一个涉及知识面非常广的学科，需要自然科学、社会科学与人文学科三大领域深度融合。如果能真正办好工业设计专业，对其他交叉学科的发展，会起到很好的辐射作用与示范效应。

专业创办初期的艰苦奋斗

创办工业设计专业初期，重点工作是吸引人才和储备物质资源，首先就是师资。为了招聘老师，我们努力到各高校引进设计类的毕业生。江南大学的设计学科设置得比较早，师资跟学生的培养质量都不错。那时候国内的其他高校不愿意流失自己的毕业生，所以我们也积极为引进的老师争取了更多的条件，比如提供住房资源等。当时学校的住房资源非常紧张，但学校同意在一定范围内予以支持。

当时江南大学毕业的彭韧老师有心加盟浙大，投身浙大工业设计学科的建设。他在专业创立初期承担了很多教学任务，特别是做了大量调研工作，帮助学院减轻了不少设计教学的负担。在这之后，工业设计系又陆续引进了杭州轻工业研究所和其他院校的一些学生，并聘请了一些计算机专业方向的老师，逐渐确定了一支固定的教师队伍。

除了师资以外，第二大重点工作是争取教学空间资源。"我不是为了自己要房子，我是为了工业设计专业的发展，因此，你一定要想办法。"当时我不断向分管后勤的卜凡孝副校长争取，他在负责紫金港新校区建设时，我几乎每天都联系他。我向他强调，因为专业教室里放有专业的设计器械，所以每一个教室的位置不能变动。"为什么你们这个专业这么特别？"卜凡孝副校长常常这样问我。我每次都和他详细地介绍，为什么设计学科有这些特殊的需求，学生自主设计实践对于这个学科的重要性，等等。后来他也逐渐理解了，于是浙大之前没有的专用教室、素描写生等环境与设备，也在他的支持下逐步实现了。

彭韧老师给 1995 级学生
做课堂展示

所有的工科专业都要有实验室。成立实验室时，经费很紧张，而机器投资成本很高，于是我跟学校反映，我们暂时不需要计算机，因为如果花了很多经费夫购买计算机，可能三五年后就过时了，使用过程中还要投入维修费用。因此，我提议由学生自行购买电脑，而节省下来的经费，用于购买实验室的其他实验设备。由于我们没有申请计算机的经费，所以其他实验设备的质量就保障得更好。

相对于其他工科专业来说，工业设计专业初建时的仪器设备经费投入不多。最开始，我们的实验室在学院里是和其他实验室合用的，但我坚持我们的实验室应该有专门的名称。

专业初创期，这个简单的实验室就基本满足了教学和科研需求。在这个实验室里，工业设计学科逐渐萌芽、发展、壮大，在我们的不断争取下，这个新的生命得以接受到更多的"养分"，从而茁壮成长了起来。

首届毕业生在工业设计
专教前合影（1994）

人才培养逐步趋向设计的本质

工业设计专业成立之后，我们不断打磨和更新培养方案，围绕工业设计的核心问题来设置课程。同时，我们的教师也在不断学习新的理论知识，更新自己的知识结构和能力。

由于专业开设在计算机学院，所以专业的特色和优势在于培养学生将设计与信息技术相结合的能力。比如工业设计专业新开设了一门传感器课程，由计算机专业的老师上课，我们是全国最早开设传感器课程的工业设计专业之一。

我们的人才培养目标是培养学生广泛的学科交叉背景和设计的核心能力，从而利用设计的方法学（心理学、哲学、美学修养等）来指导产品设计。一个优秀的工业设计师就像一个导演，将优秀的演员、歌唱家、作曲家、特效、音乐等要素协同组织在一起，形成一部美好的影片。我们的目标在于按照整体结构最佳的要求来协调组织各个要素，不极度追求产品功能的先进性，同样也不极度追求产品成本的低廉，而是希望产品能够与人形成最为和谐的关系。

专业的培养方案在每年教学推进中也可以称得上是"苟日新，日日新"。我们每年都会根据学生的反馈和课程情况调整培养方案，不但每年修改，有时甚至一个学期上到一半，如果发现有问题，也会及时联系教务处并做出调整。因为我们坚信，不能让不合理的课程方案影响到学生综合能力的培养。

第一届工业设计专业只招收工科学生，但我们发现工科学生没有形式美感的基础，缺乏把自己脑海里的设计表达出来的能力。碰到这个情况以后，我们就向校招办反馈，从第二届开始也尝试艺术类招生。一个优秀的工业设计师的重要技能就是将脑海里的形象表达出来，而这种表达不能依靠语言文字，也不能依靠平面化的工程图形，而必须要依靠专业的设计图形表达，所以我们为工业设计专业开设了效果图课程。这个课程聚焦培养学生用协调的视觉表达描绘对象的能力。

怎么让效果图从原先美术的、艺术式的图样，慢慢转变为规范性、形式化的图样？怎么能让效果图不但让艺术类学生接受，同时也让工科学生在短时间内找到画法？这是我们当时重点突破的一个教学难题。在这方面，彭韧老师做了很多教学探索。我们专业的学生运用计算机辅助设计的能力，在全国工科高校是领先的，学生所绘制的效果图在全国比赛中也屡创佳绩。

经过不断打磨培养方案、优化课程设置、调整生源结构，工业设计专业日趋完善。从专业建设的第一年开始，系里的老师就非常努力，常常熬夜加班，备课到凌晨，有时还会通宵指导学生进行毕业设计。因为老师的力量都拧成了一股绳，全心全意地投入专业建设，所以我们培养了一批在社会上能担重任的工业设计人才。

工业设计系优秀校友包括奥运火炬"祥云"责任设计师章骏、广州亚运火炬责任设计师洪华、亚洲卓越设计师杨明洁等，以及八名光华龙腾奖·中国设计业十大杰出青年。校友中涌现了一批在国内外知名高等院校如卡内基梅隆大学、上海交通大学、同济大学、湖南大学担任教授等教席的创新人才，以及在国内设计产业发挥重要影响力的行业领军人物。

潘云鹤院士、孙守迁教授获"第十五届光华龙腾奖·中国设计贡献奖金质奖章——新中国成立七十周年　中国设计70人"荣誉（2019）

许喜华

　　1990年至2006年在浙江大学计算机学院工业设计系（专业）任教，之后赴浙江大学宁波理工学院任教。

口述人：彭韧

学校把我这个助教作为人才引进，我很感动

工业设计是在 20 世纪 80 年代引进到国内的，90 年代初正是国内一些有远见的高校集中创办工业设计专业的时期，浙大也在这时候开始创办工业设计专业。90 年代初，设计产业蓬勃发展，很多设计学科老师都选择去产业界"下海"，因此全国的工业设计专业师资都非常紧张。

1989 年，我在江南大学留校任教，1991 年 6 月毕业设计答辩期间，许喜华老师带领团队到江南大学观摩学生的毕业设计并进行学术交流。他和我谈到浙大缺乏专业师资的情况，并邀请我来浙大兼课，我便欣然答应。

1991 年我第一次来浙大，发现基础课、绘画课以及材料、机械、计算机类等综合性课程都已经很完备，但设计类的专业课程仍缺乏师资。许老师对专业课要求十分严格，他的理念是既然要办工业设计专业，就要开设工业设计专业所对应的课程，因此一些设计类的专业课就积攒了下来。我第一次来上课时恰逢短学期，于是我同时开设了两门专业课，采取了上午一门课、下午一门课的集中授课办法，每天顶格授课，持续了半个月。因为当时很年轻，所以能把这份教学任务承担下来。短学期结束后，我就完成了两门课程的教学任务。

1993 年前我是以借调的身份来浙大授课。1993 年底，浙大以人才引进的方式邀请我正式加盟，当时我的身份还只是一个助教，但学校愿意以人才引进的方

彭韧（右一）与外聘教师叶苹（左二）、
吴翔（左一）于邵科馆合影（1993）

式邀请我，让我觉得非常感动，因此在后续的专业建设过程中也非常努力。加入浙大后，我们工业设计专业的师资还存在欠缺，因此除了固定师资外，通过校友的力量，邀请了一些外聘教师来兼课并指导学生毕业设计，比如叶苹（复旦大学教授，曾任上海视觉艺术学院设计学院院长）、吴翔（东华大学教授，曾任东华大学服装与艺术设计学院工业设计系系主任）等。我们通过兼聘教师的模式，逐步地解决了专业师资的燃眉之急。

学生的一个设计，打开了一片市场

工业设计是以创新为核心的面向制造业的一门学科。潘云鹤老师和许喜华老师对学科定位把握得非常精准：我们并没有像某些院校一样把它局限为造型设计，而是紧紧地扣牢创新设计的内核。谈创新就离不开实践，创新的思路必须从实践当中来，因此我们在课程中非常重视培养学生的动手实践能力。

为了更好地开展实践教育，许喜华老师向学校争取了一个模型房，专门用作学生设计、制作产品的场地。在模型房里，学生可以进行产品喷漆、打磨等操作，把自己的设计想法转换成一个真实的产品。也正是通过产品设计的操作流程，学生对产品的性能才有更直观的把握。比如设计一个把手，只有当它被真正设计出来时，学生实际握上去，才能感知把手设计得是否合理，哪些细节可以进一步改进。

在毕业设计环节，我们鼓励学生结合市场需求找到真实的课题，做出实际的产品，甚至是可以直接和企业对接的样机。比如在 1995 届工业设计专业学生毕业设计环节中，我指导的两位同学开展了大量市场调研，通过一个偶然的机会接触到了方太公司。当时国内的油烟机市场还处于方兴未艾的阶段，市场上已有一些传统的组装式油烟机产品，而方太公司想要进入这个市场，就亟须设计出能够解决用户痛点、具有价值增量的产品。于是方太公司与这两名学生一拍即合，由方太提供产品原材料，由学生负责设计破题，并作为他们的毕业设计课题。

经过调研后，两位同学发现当前用户对于油烟机最大的痛点就是清洗困难，因此他们进行了很多创意的尝试，最终设计了一款能够实现快速拆装的油烟机，通过分离油烟机的电路控制和功能结构，实现单人快速拆卸清洗，这就成了产品的一大卖点。在毕业答辩环节，方太的技术人员和工业设计专业老师都对产品表示肯定。最后，方太公司在这个产品模型的基础上进行了优化并推向市场，最终获得了相当好的销量，从此打开了油烟机市场。

学生也会积极主动地参与老师和高年级同学的设计项目。比如在 20 世纪 90 年代，我曾负责一个邮品自助邮寄机设计的项目，有很多学生自发地过来帮忙制作模型，他们一边看、一边学，最后一起制作出了一个成品。有时，有些勤奋好学的学生还会熬夜通宵，陪着老师做设计，就是为了多学习一些知识。中低年级学生对学长学姐们的毕业设计项目也是如此。当时学生的主动学习意识、对知识的渴求以及对提高自我能力的愿望，是非常令人感动与敬佩的。浙大工业设计专业也就形成了一个注重实践与鼓励师生交流的良好氛围。

由 1992 级学生协助制作的邮品自助邮寄机（1995）

除项目实习和毕业设计外，我们积极带学生出去参观交流，因为设计专业的知识里，1/3 靠老师教授，1/3 靠学生自学，还有 1/3 来源于交流的灵感。我们每个学期都带学生去设计展以及一些企业、院校甚至工厂参观，让同学们对设计有更广阔的视野，并对市场需求保持敏感。当时学生们和我是亦师亦友的关系，常常有学生到我家来包饺子、做饭，通宵看世界杯比赛，等等，师生关系非常融洽。

在参与国际学科竞赛方面，工业设计专业也起步得非常早。浙大工业设计专业在成立初期就提出了国际化的定位，要与国际接轨。所以在专业成立以后，我就鼓励学生参加国际设计比赛。在那个还没有互联网的时代，向国际竞赛投稿需要先在杂志上找到竞赛主办方的通信方式，再进行投稿。20 世纪 90 年代初期，我们前几届学生就已经入围了国际设计竞赛。1999 年，1995 级本科生王定国和周纯，分别凭借海上油污吸附装置设计和高速公路报警装置设计，同时获得日本大

彭韧老师（后排左四）带1993级同学赴上海实地考察环境设计（1996）

学生首次获得日本大阪国际设计竞赛优秀奖（1999）

阪国际设计竞赛优秀奖。后来，随着互联网的普及，浙大工业设计学生获得诸如红点奖、iF 设计奖等国际设计竞赛奖的人数也逐渐增多。学生在国际设计竞赛所取得的一系列成就也证明了浙大工业设计所秉持的以创新为核心的教育理念。

24000元买了一台32MB内存的电脑

1990 年初，我们逐渐接触计算机辅助设计，当时的主流操作系统还是 Windows，我们花了 24000 元，买了第一台 32MB 内存的电脑，用它运行 Photoshop 3.0 版本。此后我们尝试用 Photoshop 来实现绘画的计算机表达。之后我们又尝试使用 3D Studio 的 DOS 版本来进行简单的建模。在这个过程中，我们的主要任务是对工业设计的视觉表达进行整合并用计算机实现。1998 年犀牛（Rhino）软件出现后，我们又用它来解决曲面造型难题。在应用方面，由潘云鹤老师牵头，浙大现代工业设计研究所承担了面向区域经济的产品创新设计项目，组织教师团队研究如何运用计算机来辅助产品创新设计与开发的全过程。

在具备一定教学与学术研究积累后，1996 年，我们正式开设"计算机辅助工业设计"课程。1999 年，由江南大学牵头，中国轻工业出版社计划出版设计方向系列教材，其中一本的主题为计算机辅助工业设计。由于浙大工业设计系具有很强的计算机学科背景，这项任务很自然地就落在浙大。1999—2001 年，通过汇集课程的教学成果，我们出版了《计算机辅助工业设计》教材，这也是全国第一本计算机辅助工业设计课程教材。现在回过头来看，这本教材更多地起到了抛砖引玉的作用，虽然相关的设计软件早已迭代更新，但里面的设计教学理念仍可以沿用至今。

2007 年，计算机学院组织教师申报国家精品课程，当时何钦铭老师的"C 程序设计基础及实验"已获评国家精品课程，给我们做出了表率，而工业设计方向

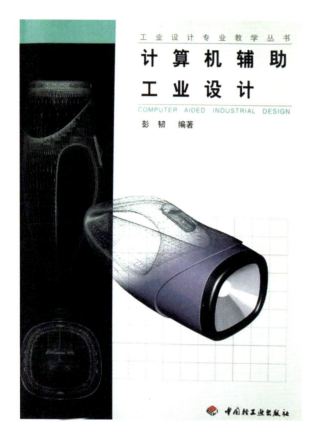

《计算机辅助工业设计》教材

的国家精品课程仍是空白。于是我们就开始酝酿申报"计算机辅助工业设计"这门课程。在这门课程中,学生制作的很多设计产品非常有特色,于是我们专门建设了课程网站予以展示。最终这门课程在 2007 年成功获评国家精品课程,成为浙大工业设计专业第一门设计类国家精品课程。课程的最大特色是以创新设计为核心,与时俱进地探索设计前沿。近几年来,课程逐渐融合了设计思维导图的要素,引导学生将计算机技术综合运用于平面设计、立体设计、3D 打印、实物产品制作、动画视频呈现等多个方面,从而实现更加生动、丰富的计算机辅助设计应用。除此之外,依托浙大人工智能方向的学科优势,我们鼓励学生积极探索在设计中运用人工智能技术,并将计算机辅助产品创新设计的科研成果融入教学。

 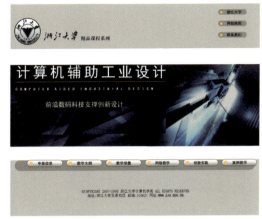

"计算机辅助工业设计"课程成果展示网站

浙大工业设计已经走过了 30 多年。在过去的 30 年里，我在浙大的工作可以分为三个阶段：一开始在工业设计，2004 年以后主要在办数字媒体技术专业，现在数字媒体技术专业和工业设计专业合并之后，我又回到了原地。回过头来看整个过程，我感慨万千。特别是 20 世纪 90 年代中期后，因为一些优秀的毕业生留校工作，以及学校逐步引进外面的人才，师资紧缺的情况一下便有了改善。现在浙大工业设计已经形成了 30 多人的团队，这是一个长足的飞跃与进步。浙大的工业设计在过去的 30 多年中，走出了一条极具自身特色的创新之路。

彭韧

　　1989 年毕业于江南大学工业设计专业。自 1991年起担任浙江大学工业设计专业兼聘教师。1994 年作为引进人才正式进入浙江大学工业设计专业任教。

口述人：潘鹏凯

在自由的"土壤"中跨界成长

时间过得很快，转眼已经 30 多年了。回想我当初填报志愿的时候，一度陷入过纠结。学校的可选择范围比较大，而在专业上，计算机是我所感兴趣的，七年的油画学习也让我一度考虑设计系、建筑系专业。

这时候，恰巧潘云鹤老师刚好回国，他那年正在创立工业设计专业。虽然当时我还不太了解工业设计具体是做什么，但是我知道它与设计、美术相关。并且因为潘云鹤老师的缘故，我们学校这个专业与计算机、人工智能也有很大关联，这与我的个性与爱好高度契合。

在我的印象中，我们入学的时候，第一批的 16 个学生是从各个系转专业过来的。比如我来自计算机系，有的同学来自土木系、机械系，我们是进校后成系的。因为学生数量少，又是第一届，课程的体系与难易程度还需要健全和探索，所以老师给了我们充分的自由。

虽然没有招满原来设想的 20 人，但是我们这 16 个同学都抱着对设计的满腔热爱来到工业设计专业，这是一个很有意义和使命感的开始。

第一届办学时，浙大工业设计专业还不算完善，但它的优势就是给予学生高度的自由，允许我们探索自己感兴趣的方向。而我当时想做的就是设计和计算机的跨界。

于是我很早就在学院的 CAD/CAM 实验室做设计，研究计算机图形学。从大三开始，我就大量地研究影视，尝试用 CAD、CAM 和动画软件进行计算机辅助工业设计。本科期间，我开始在设计杂志上投稿论文。当时我们专业还有大量空白的研究领域，这也让我有空间茁壮成长，就像草原里的小树苗充分地享受阳光。

我和同学在大三时就开始相关的实习。当时我们在青芝坞租了房子，条件有限，计算机又很昂贵，于是我们购买了键盘、鼠标、显示器，租了最贵的硬盘与 CPU（中央处理器），组建了十几台计算机，帮助计算机系、建筑系以及很多其他需要设计的老师和设计师做商业化的项目。

这时候我的兴趣已经脱离了象牙塔，开始大量地进行实践。比如我开始研究把美国 SGI 工作站里的算法与工业设计结合起来。从那时开始，我更加偏向于用计算机做工业设计，而不是做单个的工业产品。这其实是非常超前的，体现出浙大工业设计专业的优势：没有很多条条框框，学生能汲取到更多养分。

于是我留校当老师，与我的同事应放天老师一起带领同学做计算机辅助工业设计。我们的学生如刘力丹、杨明洁等也都非常优秀，这离不开浙大工业设计的兼容并包的学术氛围。

MIT 媒体实验室全奖博士生

1996 年，我读了《数字化生存》，这本书影响了一代互联网人，作者 Nicholas Negroponte（尼古拉斯·尼葛洛庞帝）就是我在麻省理工学院（MIT）的导师。他是计算机辅助工业设计的鼻祖，在 20 世纪 60 年代便开始研究计算机辅助工业设计，MIT 建筑系的媒体实验室就是他创立的。

我看了那本书后心潮澎湃，想要改变商业，改变传媒。Negroponte 早在 40 年前便有预见：当时他就在自己的数字创意中心描述了他的愿景。

很巧的是，1995 年我还在浙大任职时，拿着身份证与学校的介绍信去办理网络，可能我是杭州前 50 位连上互联网的人。连上网络后，我发现 Negroponte 的跨学科实验室非常有趣，研究领域包括电影、音乐交互、纳米材料，甚至还有量子计算，所以我当时非常想去 MIT。

1996 年我和在卡内基梅隆大学担任过访问学者的潘老师商量之后，他帮我写了介绍信。我拿着大学期间的很多影视和设计作品，还有一些论文去申请，最终成功成为浙大计算机系第一个拿到 MIT 全额博士奖学金的人，也成为 MIT 媒体实验室的第一个中国博士生。

MIT 是一个非常特别的地方，跟我印象中的那些漂亮的校园很不一样，没有一个校门，没有一道围墙，没有很漂亮的宿舍，每一座建筑都有不同的风格。很多研究领域都是由一个或几个教授奠基出来的。它更多时候是让学生自己去发展、创造、做实验，并且特别强调跨学科的合作，这给了我很大的冲击。

不同于在中国，我在 MIT 七年，没有参加过考试，但是比考试更累，因为 MIT 采用的是 project-based（基于项目）的教育模式。我一个学期要做三四个项目，而目标、资源、合作伙伴要靠自己去找，还需要和教授游说自己项目的意义和价值。

等到 2004 年毕业的时候，作为较早去留学的一批中国人，我也收到了非常多大公司的 offer（录取通知），比如 Google 等。但是在导师的鼓励下，我拒绝了这些 offer，选择了能让我学到更多的创业之路。

浙江大学是我成人的起点

设计本身是一种思维，这让我受益匪浅。它不像一个纯粹的工程问题，比如桥梁建设与计算；设计是来源于生活的，人们在生活、工作中发现问题，然后通过设计的方式，寻找技术、材料或者工艺来解决问题。

设计的一个特点就是"广"。Steve Jobs（史蒂夫·乔布斯）、Elon Musk（埃隆·马斯克）都是一流的设计师。设计不应仅仅立足于工程层面，而应该是跨学科的，特别是从人文、商业领域去解决问题。不论是包豪斯，还是浙大开设的设计思维、人体工程学等课程，都让我深深体会到这一点。我非常有幸地在那个时间点成为浙大工业设计专业第一批学生，这让我终身受益。

首届工业设计（工造）专业毕业生合影（1994）

我后来的学习生涯与创业经历都是从设计思维出发。通过发掘问题，找到解决问题的方式，再综合地解决商业、技术、工艺、成本、环保回收利用等各个层次的问题，甚至是儿童等特殊人群的需求。

浙大工业设计专业的计算机与设计交叉融合的基因，以及鼓励学生自我探索的文化氛围，开阔了我的眼界与思维，帮助我取得一系列成就，无论是去 MIT 读博还是创办自己的公司。我要感谢潘云鹤老师、许喜华老师最早创立的工业设计专业，对我的一生产生了深远的影响。我非常感激他们的教育之恩。

我觉得我成人的起点是从浙江大学开始的。我希望浙大工业设计学科和校友们不应局限在设计领域，而是为整个社会进步、提升人类生活质量贡献创造性的价值。应该不畏失败，不断尝试，勇于拓展自己人生的边界。我希望我们工业设计毕业生成为帅才：能够开疆拓土，自己找方向、找资源、攻坚克难，成就属于自己的一番事业。

潘鹏凯

1990 年至 1994 年就读于浙江大学计算机系工业设计专业。1994 年 8 月至 1997 年 4 月在浙江大学计算机系任教。

口述人：徐江

把教材熟读好几遍

我报考浙大时，曾经发生过一个很有趣的故事。我硕士研究生毕业后准备报考博士，在机缘巧合下，得知了孙守迁老师的联系方式。当时数字和艺术设计这一研究方向非常新，于是我给孙老师发邮件咨询，并拨通了他的电话。我打电话时，他刚好准备要登机。他和我说："我看你的名字和美院院长许江的名字差不多，我就招收你了。"于是，我就很荣幸地进入了浙大，2005年开始攻读数字化艺术与设计方向的博士生。现在回过头来想，孙老师当初也是在给我信心吧。

当时我们团队负责人是黄琦老师，研究团队里还有柴春雷老师、汤永川老师等。我们从各个学校过来，大家都很活跃。柴春雷老师负责的是人机工程方向，我是在计算机辅助设计大方向里，这个方向里还有黄琦老师、孙凌云老师等。

我本科读的是材料加工专业，因为受社会环境影响，再加上对工业设计专业抱有浓厚兴趣，所以我想往这个方向探索。浙大工业设计系也是一个跨学科院系，本身具有包容的环境，因此我抱着试一试的想法加入了浙大。当时我们报考时，招生考试考的是潘云鹤老师《智能CAD方法与模型》书中的内容。我们这些学机械、材料与工业设计专业出身的同学都看不懂这本书。当时我花了很多工夫把这本书前面的章节熟读了好多遍。后来汤永川老师还和我开玩笑说："拿着你的卷子，好像是我们浙大自己的学生写的一样。"非常感谢汤老师和各位前辈给我这个机会，让我加入浙大工业设计系。

思考中国未来设计发展

毕业以后我主要干了两件事情。2013年，中国工程院启动"创新设计发展战略研究"重大咨询研究项目。在参与这个项目的过程中，我的工作重心是基于中国的产业和社会环境的变化，思考中国未来设计发展之路。另外，我担任了同济大学设计创意学院副院长（分管教学），在工作中也在探索设计学科与设计教育的下一步发展方向，即在学科和教育层面上应当怎样更好地发展。

设计学科不完全归属于自然科学，也不完全归属于人文社会科学，其学理在于从实践中来，正如浙大的学风"求是"。所以在开展"创新设计发展战略研究"重大咨询研究项目时，路甬祥院士强调我们要基于具体的案例来开展研究，剖析中国改革开放40年来从"中国制造"转向"中国创造"所取得的一些实际创新成果，从而发掘中国设计教育和设计学科应有的定位。

从2009年起，我开始配合孙守迁老师担任中国机械工程学会工业设计分会副秘书长，学会的重点工作是研究设计学科的技术前沿。2011年，我有幸作为代表参与了中国机械工程技术路线图绘制工作。在这项工作中，曾出现一个小插曲。这本有关技术路线图的图书中有重要的一章是"产品设计"，而"工业设计"是这一章的一节。当时就有很多专家质疑，节的标题怎么比章的总标题更"大"呢？所以从学科发展历史来看，工业设计学科需要我们花更多的精力去解读，去诠释它对推动产业和产品制造创新所产生的独特作用，才能在整个工业发展大形势下让学科更好地支撑产业发展。

2011年，路甬祥院士召集我和孙守迁老师等人进行全国工业设计产业发展研究，开展了大量的调研。主要工作是调研全国各地设计产业对产品制造业发展的影响及其发展趋势。经过两年的调研准备，2013年，中国工程院"创新设计发展战略研究"重大咨询研究项目正式启动。

这个咨询项目的重要意义在于指明中国如何依靠创新设计推动制造业发展。首先，中国需要坚定运用设计推动创新的信心。因为任何一个民族如果想走到世界前列，就必须有自己独特的创新文化。不论是从制造还是设计角度来看，这种创新文化都是需要设计"站在前面"，勇于承担。在设计进化理论和"政产学研用金"基本战略思想的指导下，这个项目的意义在于让国内外学术界与产业界达成共识——中国要创新，设计一定要先行。中国有自信依靠设计来推动经济、社会、环境等各行各业的发展。

"创新设计发展战略研究"作为新中国成立以来规格最高的设计方向的国家战略咨询项目，有效地融通了政产学研环境，让社会各界能够更深入地认知设计推动创新的基本规律。路甬祥院士常说，他的一个重要心愿就是推动设计科普工作，因为推进创新设计在中国制造业的科普工作将对国家工业创新设计战略的实施起到重要支撑作用。

从2013年起，我跟随路甬祥院士在全国各地如广东、北京、天津等开展调研。2013年7月，我们在天津调研时发现，中国许多工业设计专业的学生似乎仍然待在学术的"象牙塔"当中，对中国产业变化不甚了解，对许多产业创新实践缺乏来自一线的深入认识。于是路甬祥院士提出要设立"中国好设计"这一奖项。

在设立"中国好设计"奖项的过程中，路甬祥院士强调，现代的设计应当融入人类生产、生活各方面，既要有解决老百姓生产、生活需求的产品设计，又需要工艺、流程、模式的设计。所以他走访滴滴、阿里、联想等多家企业，在调研中充分挖掘中国的好设计，传播中国先进的设计文化，力求带动"好的设计"向"好的制造"和"好的品牌"转变。

2013年，中国工程院启动了"制造强国战略研究"重大咨询研究项目。"创新设计发展战略研究"项目成果报告也纳入了《中国制造2025》战略文件当中。许多院士和专家敏锐地认识到，中国制造必须迎接改革蜕变的历程。

当时我有幸和其他专家一同参与了报告撰写工作。在研究过程中，我向许多院士和专家学习到了设计人才培养与设计战略实施所应具有的宽广视角。设计学科的定位应该是服务国家战略和造福民生。同时，我意识到，只有将设计人才培养与国家战略需求融合在一起，未来学科才会有更高远的发展空间与天地。

追求科技与人性的调和点

展望创新设计的未来，还是要回归设计推动社会发展的最基本规律。

设计始于工业文明的诞生。从珍妮纺纱机的发明开始，人类开始具备勇气去运用科学技术创造新的东西。到了现代，我们能运用更好的技术去创造人类所需要的工具物品，从而改善生活与生产水平。如果仅采取设计的方法或利用科学技术，人类无法引领生活需求以及生产需求的发展。只有把设计放在一个更鲜明的位置，它才能对生产力变革起到强有力的引领作用。设计的地位和作用不应被局限起来，我们需要更好地释放设计的能量。今天我们还在谈设计职业的定义，它不应该被局限在狭隘的领域，而是应该成为推动中国国民素质增长、提升中华文明的利器。

设计专业产生的初衷，在于关注技术如何面向人而存在。技术产生后，设计没有被广泛重视的根本原因在于我们对人的需求，即对人本身的尊重还不够。生活在现代社会的人们应该更深刻地认识到，任何学科都应该更好地追求科技与人性之间的调和点，才能让科技更好地"向善"，创造出更为多元的价值。

由于浙大具有求是、包容、创新的文化环境，它在推动设计与科技相结合、商业和人文相结合方面，在中国教育界中树立了一个重要的标杆。如今，很多全球设计院校和综合性院校都把"设计＋科技""设计＋商业"等模式充分融入学科发展进程中。浙大的"设计＋"学科发展模式也将为中国乃至全球的设计教育打造出一个新的样板。

徐江

2005 年至 2009 年就读于浙江大学计算机学院数字化艺术与设计专业。

五、老师的心力，
浇灌学生的竞争力

20 世纪七八十年代，浙江大学计算机科学与工程学系和杭州大学计算机科学技术系先后成立，逐渐确立了瞄准国际前沿的办学志向，奠定了以教学工作为工作重心的基础。21 世纪初，我国高等教育经历大发展，互联网兴起，社会对计算机人才的需求量迅速增加。在这一阶段，浙江大学软件与网络学院、浙江大学计算机科学与技术学院正式成立。此后，学院的教育教学通过调整专业设置、参与学科竞赛、创新教学模式、汲取国际经验等路径，培养出一批又一批卓越人才。

回顾这段历史，一位位心系教育教学、用心浇灌学生的教师的故事令人动容。何志均先生用自己的出差补贴购买国外专业教材，以此激励年轻教师使用原版教材、紧跟领域前沿；董金祥老师自学日语和英语，一边学，一边为学生讲课；陈根才老师以本科教学评估为契机，创新课程组建设，推动本科教育工作高质量发展；何钦铭老师坚持打磨计算机专业"撒手锏"，构建全新的课程体系，着力培养学生实践能力和研究性学习能力；陈越老师开发精研课程，打造"快乐课堂"，成为学生可亲可爱的"陈越姥姥"；翁恺老师勇当慕课先行者，站在学生角度精心打磨课程……

在这些领路人的用心培育下，在海纳百川、自由包容的办学氛围中，学院涌现出 2011 年 ACM 国际大学生程序设计竞赛全球总决赛全球总冠军队伍及 TopCoder 大学挑战赛国际比赛地区冠军、曾任 TopCoder 亚洲副总裁的吴嘉之等许许多多优秀学生，为推动计算机事业发展培育了新的生命力。

2011 年 5 月，浙江大学计算机学院巫泽俊、欧阳嘉林和数学系莫璐怡组成 Arc of Dream 队获第 35 届 ACM 国际大学生程序设计竞赛全球总决赛冠军。

2011 年获第 35 届 ACM 国际大学生程序设计竞赛全球总决赛冠军的浙大队伍 Arc of Dream 合影
［左起：王灿（带队老师）、巫泽俊、莫璐怡、欧阳嘉林］

口述人：董金祥

邻居很好奇，为何系主任总是来我家

何志均老师对专业建设投入了很多心思。首先是教师队伍的培养。计算机专业正式成立以后，我们刚开始上课时都算是年轻教师，因此何老师为我们十几个人单独开课。我是从数力系过来的，此前从来没有学过无线电技术的知识，他就给我们开了很多这方面的课程。另外他也费尽心力从全国各地调来了很多教师。

计算机专业从 1973 年到 1976 年招收了四届工农兵学员，每届学生约 30 人。对工农兵学员的培养，何老师从严从高要求，希望把学生培养得很优秀。他参考美国学校的教学计划，列了很多教学大纲，为工农兵学员排课、上课。但学生们文化程度参差，其中有高中生、初中生，所以对有些学生来说可能要求太高。

计算机本科专业从 1977 年开始正式招生，当时国内自主编写的计算机类教材比较少，何老师就不断地通过不同渠道从国外买教材。我原来学的是俄语，从初中到大学都没学过英语。1972—1973 年期间，日语资料比较容易得到，我们也拿到一些计算机方面的日语教材作为参考。我便开始自学日语，自学了两年之后能看一些专业书了，但看了以后发现，书里还有大段的英文，而且日语的好多单词是英语读音直接音译过来的，比如"コンピューター"就是"computer"（计算机），我就觉得必须学英语，于是便从 1976 年左右开始自学英语。

浙江大学图书馆外文书库每年有一些买书经费，何老师经常去外文书库和负责采购的老师讲需要买的书，书一到，他就拿到我宿舍里来。大概从1976年开始，他不断地把数据结构、算法设计、算法分析、计算机系统等课程的很多经典英文教材拿给我看。他知道我原来数学基础比较好，就特别给我"加餐"。

有一本书是《小型计算机》（*Minicomputer*），何老师拿到后跟我说："这本书你看了以后，就去给1979级的学生上课。"那时我英文还不太行，只能硬着头皮边看边上。自己先不断地翻字典，把书看懂，上课的时候用英文写板书，用中文讲课，这样学生就知道书里的英文对应的中文。那时候每周有几次去学生宿舍答疑，学生问的不是这本书里听不懂的内容，而是"老师这句英文怎么翻译"。上了一个学期的课之后，我的英文水平就进步了，有了一定积累后，我给研究生上课就没有用过中文教材，基本都用英文教材。

何老师的教学能力很强，买来一本书不久就能去上课。我看完他给我的书以后，他也不同我讨论，实际上是要给我压力，这是他培养年轻教师的思维。何老师和我都住在求是村时，他经常来我家，我反而很少去他家。我的隔壁邻居和我说："哎呀，真奇怪，怎么系主任总是到你家里来，不是你去呢？"后来我自己也经常去图书馆外文书库找书，偶然发现，几乎所有计算机相关的比较好的书，何老师都翻过，书后的借书卡上都有他的签字。能做到这样的，大概只有他一人。

董金祥

1964年9月至1969年7月就读于浙江大学数学力学系应用力学专业。1972年3月至2009年6月在浙江大学计算机学院（系）任教。

口述人：陈根才

21世纪初，计算机学院在校生达四五千人

四校合并之后，杭大计算机学科和浙大计算机学科仍在两个校区。随着 2002 年 3 月浙江大学计算机科学与技术学院成立，两者便完全地融合了。我当时担任计算机学院副院长，负责分管本科教学和继续教育工作，从 2002 年到 2009 年差不多持续了八年。对于这八年，我有很多记忆深刻的事情。这八年也是学院发展的重要历史时期，我们也取得了很多不错的成绩。

学院刚成立时，各项工作繁杂。对我来说，这八年里，除了完成自己的教学任务外，其余时间几乎全部用于学院的本科教育和继续教育相关管理工作。当时学院面临的困难较多。首要的是，由系发展为学院后如何让整个学院的教学工作顺利运转起来。虽然原先杭大计算机学院和浙大计算机系同根同源，但经过几十年的发展之后，许多办学上的做法、习惯存在差异，同时需要考虑怎样能够更快地把各项教学工作有条不紊地安排好，从而按照国家的要求培养好学生。21 世纪初，我国高等教育正经历大发展，随着互联网的兴起，社会对计算机人才的需求量非常大，很多高校都进行了扩招。我记得有几年我们单个计算机专业一年的招生人数就达到四五百甚至五六百人，再加上转专业过来的学生，每年全日制在校生达四五千人，再加上继续教育项目也有一两千人，所以整个学院在校生规模已经达到五六千人，接近了某些学校的规模。于是学生管理工作量尤其是教学管理

ZD-2002-XZ-012
页数 4 部门件号 12

浙江大学文件

浙大发〔2002〕12号

关于成立浙江大学计算机科学与技术学院的通知

各校区管委会，各学院，各部，直属各单位：

经学校研究决定，成立浙江大学计算机科学与技术学院。信息科学与工程学院的计算机科学与工程学系同时撤销。

浙江大学
二○○二年三月十四日

主题词：机构 设置 通知

抄　送：浙江省教育厅。

纪委，各党工委、各院级党委、直属党总支、分党委，
党委各部门、工会、团委。

（打印：陆小琴　校对：吴晨） 2002年3月14日印发

— 1 —

浙江大学计算机科学与技术学院
成立（2002）

工作量非常大。而且当时师资数量不够，上大课的情况很多，有时候一个班级就包含两百多人，上课效果显然是受到影响的，所以尽快改善这种情况也是学院面临的一项重要任务。要提高教育质量，就要尽量实现小班化教学。

教育部于2003年启动全国高校的本科教学评估工程，浙大的评估工作一直到2007年验收完成。其间我们为评估做准备的工作量非常大，因为本科教学的各个环节都要进行审查。最初是学院自评以及学部和学校的检查，然后是省里评估，最后是教育部评估。在这些之前又要先学院预评，一旦发现问题要立即整改，整改后再评。教学评估就是这样一个反反复复的过程，甚至需要检查过往

三四年的教学档案、资料、试卷，以及毕业论文、实验报告等。这样的评估和检查虽然繁琐，但促使我们的各项工作更加规范，对提高教学质量也有切实的帮助。

现在回想起来，八年里所做的第一项重要工作就是以本科教学评估为契机，让全院上下对本科教学工作空前重视，从而把它提升为学院的工作重心，实现了本科教育工作高质量发展。在这个过程中，"学院党政领导是本科教学质量工作的第一责任人"这个思想逐渐在大家心中树立起来。那段时间虽然工作很多，但大家互相团结配合，很多工作都能按照预定计划完成。

"顶格"课时补贴激励教学

在提高教学质量的工作中，我认为这几点比较关键。

第一是我们在这个过程中建立了整套教学管理的规章制度，包括教学质量考核、教师工作规范等，都是基于学校工作规范并结合计算机学院特色建立起来的。

第二是我们要求教师（特别是有教师编制的教授）给本科生上课，也会鼓励年轻教师多投入教学工作。为此，我们制定了很多激励政策，比如对本科教学课程教师发放课程补贴，根据课程工作量、教学质量、学生评价，给予不同程度的奖励。有的老师一年下来有几千元甚至几万元的课时补贴（当时一个月的工资在2000~3000元）。一堂课的课时补贴有时能达到130~140元，这个标准在全校范围内是比较高的，可以算是"顶格"了。因为当初教师的工资水平整体比较低，所以我们学院在领导的支持下通过各种途径筹集经费，发放本科教学课时补贴。我记得，光是2002—2005年这三年里，用于本科教学补贴、教学支持的经费差不多就有1015万元。除此之外，老师在本科教学工作中的工作量、教学质量、学生评价都与职称评审挂钩。虽然当时教师人数远没有现在多，并且学生数量比现在大，但我们的教学工作依然能够有序开展并持续提升质量，这跟激励与管理政策是分不开的。

第三是建立了多个课程建设小组。组织相关课程的老师成立一个小组，由高水平的教师任组长，带领团队对教材选用、教学内容、实验安排、考核方式等进行统一管理，从而保障课程的教学质量。当时学生比较多，同一门课有很多平行班，很多时候都是七八个老师同时开课，因此特别需要加强统一规范管理。比如，统一考试试题、统一批改、统一给分标准等，以保证考试的公平性。这种"以老带新"的机制有助于年轻教师更快地成长，从而共同提高教育质量。这项制度一直被学院沿用下来，并在全校得到了推广。学院不仅建立了课程教学小组制度，而且针对毕业论文指导组建了相应的小组，学院领导也在这个过程中发挥了引领作用。比如：时任院长陈纯曾担任课程毕业设计指导小组负责人，统一把关毕业论文质量；吴朝晖教授曾担任竺可桢学院混合班计算机课程指导小组负责人。

我们还紧紧抓住了教育部本科教学评估工程开展之后不久推出的配套工程——本科教学质量工程项目这个契机。2004—2007年，我们多次动员教师积极申报项目，并取得了一系列较好的效果。在此期间，学院成功申报并获批9门国家精品课程、2门双语示范课程，申报并获批2项国家人才培养创新实验区项目，即"国际化计算机培养模式创新实验区"和"工程型国际化软件工程人才培养模式创新实验区"；同时，软件开发技术、金融信息技术、电子服务技术、数字媒体技术专业获批教育部第一类特色专业或第二类特色专业。通过这些项目，总共获得540万元的经费支持，在全国同类高校中名列前茅。本科教学质量工程项目建设也产出了一系列标志性成果，促成了本科教学质量提升，并在2009年获国家级教学成果奖二等奖和浙江省教学成果奖一等奖。

努力抓好专业建设

学院以本科教学评估为契机，推动专业建设。当时计算机专业培养方案的目标是培养具有国际竞争力的高素质人才。因此我们主要参考国际主流的计算机专业课程体系（如 CC2001 和 CC2004）更新计算机专业的培养方案，每隔两到三年更新一次。当时计算机专业前两年课程是跟竺可桢学院共建的，着重加强数理基础和外语能力培养；后两年在计算机学院，着重进行专业基础和科研能力培养。

2003 年，学院新建了数字媒体技术系和数字媒体技术专业。这个专业的建立思路最早是由潘云鹤教授提出的，即专业要根据计算机技术和设计学科交叉发展的趋势设立。专业从 2003 年开始筹建，2004 年开始正式招生，首任系主任是时任计算机学院副院长吴朝晖教授，后续分别由于金辉教授、耿卫东教授担任，其中耿卫东教授任系主任时间最长。筹建一个新专业涉及很多工作。从萌发这个思路开始，要制定培养方案、确定课程、安排教学计划、选定专用教室、新建实验室、筹集经费等。其间需要多次向学校打报告争取支持，并经过各个部门审批，这个过程需要花费大量的时间和精力。我们成立了全国首个数字媒体技术专业，一路发展得不错，学生培养质量也得到了社会的认可。

学院也借助教学评估的契机进一步优化工业设计专业的培养环节。学院成立之初，该专业新生转出率较高。学院针对这一问题，经过前期调研，发动青年教师的积极性，在培养方案中着重强调产品设计与创新能力培养，并加强实践环节，把课程设计实践和申请专利相结合，鼓励学生积极参加国际性和国家级工业设计大赛。经过老师们的共同努力，专业的面貌很快得到了提升。学生多次获得了包括红点奖在内的很多国际设计大奖，在全国取得了很好的声誉。

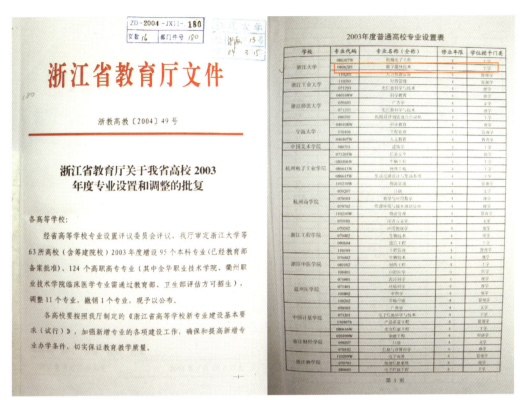

浙江大学新建数字媒体技术专业（2003）

陈根才

1970 年至 1973 年就读于杭州大学物理系物理专业。1973 年至 1984 年在杭州大学物理系任教，1984 年至 2013 年先后在杭州大学计算机学院（系）及浙江大学计算机学院（系）任教。

口述人：何钦铭

采用原版教材，接轨国际一流大学

我们读书时，何志均老师就用原版教材给我们上"数据结构"课程。1979年，刘丹书记曾带领浙大部分系主任去美国考察高等教育，何志均老师是其中之一。何老师从美国考察回来后很注重瞄准国际前沿，特别是要求课程体系和教材与国际接轨。所以，当时我们有不少课程使用国际一流大学的教材。像我现在上的"数据结构"课程，从建系开始至今，使用的都是国外的教材。在早期，这种方式使我们能够站在一个比较高的高度去发展教学并进行专业建设。

计算机系建立初期，从数学、无线电和电气专业里抽调了一批老师，数学专业的老师基本偏软件方向，无线电和电气专业的老师稍微偏向硬件，还有一批老师是何老师从校外单位引进的，这就是最初的师资队伍。大部分教师没有受过计算机专业训练，大家都在摸索中发展。

针对没有英文基础的老师，学校还专门开设了晚间英语学习班，让老师们可以一边学英语，一边消化外文教材。在计算机系发展的头十年里，首要的任务就是建设高标准、高水平的课程体系，引入高标准的国外一流大学课程。很多核心课程都采用英文教材。2001年，我们开始建设国家示范性软件学院，其中一个目标就是国际化。由于有前期的基础，我们在双语教学方面很快就形成特色，一批教师直接用英语授课，比如陈越老师、郑扣根老师和翁恺老师等。

从多媒体课件到慕课

计算机系发展的最初十年以教学为主，大多数老师的时间也主要花在教学上。那时我们上程序设计类课还没有现在的多媒体设备，程序需要一行行写在黑板上，如果出现错误，更正起来就比较繁琐。老师们想出了一些好方法：一种是拿很大的白纸用彩笔把程序写在上面，然后卷起来，上课时就夹着纸带过来钉到黑板上；另外有些老师会用科研经费把教学要点和案例拿到照相馆去做成幻灯片——20世纪80年代，玉泉校区第七教学楼的教室有幻灯机，把幻灯片放在一格格的"抽屉"里，上课时就放映幻灯片进行教学；还有一种方法是用投影机，老师把教学内容打印在薄膜上进行投影，有时候甚至会做彩色的投影。那时候，老师花在教学上面的时间似乎比现在多得多。

学校教务处大概是从1992年开始抓全校的计算机基础教学的。实际上我们并不是成立一个计算中心，而是成立了一个教学指导委员会，主要由计算机学院老师牵头，组建了一个包括其他学院老师在内的委员会来共同商定教学方案课程，并做到"四统一"，即统一考试、统一阅卷、统一教材、统一大纲。教学指导委员会最早由王申康教授牵头，后来由我来负责。这项工作慢慢积累了"程序设计"课程的建设基础，使我们课程先后被评为国家精品课程、国家精品资源共享课程和国家一流课程等。我本人的第一个省级教学成果奖（浙江省教学成果奖二等奖）就是基于这些工作获得的，那是在1997年，当时我还只是一个副教授。

20世纪90年代初，国家教委开始推广计算机辅助教学（computer aided instruction，CAI）。浙大建设了几个多媒体教室，光有多媒体设备还不行，还需要有"软件"，也就是课件。当时分管教学的副校长黄达人给了计算机系一笔经费，用于开发计算机辅助教学软件。当时还是本科生的翁恺老师，参与了计算机辅助教学软件的开发，特别是用于制作课件的软件，相当于现在的PPT（那时还没有这个软件）。翁恺开发了一个专门做课件的软件，名为"JC 超媒体协作系统"。这个软件开发出来后，我们就用翁恺的软件制作课件上课。后来该软件代表浙江大学去参加国家教委 CAI 软件的评比，还获得了优秀软件一等奖。

随着时间的推移，教师队伍和教学工具都在不断进步。90 年代后期我们学院想开设 Java 课程，需要遴选 Java 课程的老师。通知发布后有两三位老师报名，包括翁恺。他试讲的时候，所有人都觉得这个青年教师讲得很好，于是他就开始讲 Java 课程。后来在学校面向社会的远程教育中也开设了 Java 课程，翁恺就为远程教育录制了 Java 课程。这些课程视频后来流传到社会上，在网上有了很好的反响。2014 年教育部想搞慕课（MOOC），希望 985 高校带头，请条件成熟的教师先做一批慕课课程放到平台上。我们首先推荐翁恺。2014 年 5 月，翁恺的慕课作为中国大学 MOOC 网站的第一批慕课上线。他的课很受欢迎，课程注册学习人数一直居于所有课程的前列。后来我向翁恺了解慕课开发的具体方法，听了他的介绍后，我也想试试看，于是就拉陈越和我一起尝试做"数据结构"慕课。

首页 > 国家精品 / 计算机

2 位授课老师

陈越和何钦铭老师在中国大学 MOOC 网站上的"数据结构"慕课

我尝试后发现，慕课并不是那么容易，我没想到这个"坑"还挺深。翁恺老师告诉我，线上、线下教学的重要区别就是，线上上课容易走神。他告诉我制作慕课的一条经验就是屏幕要动起来，也就需要引入动画之类的东西。别的老师告诉我，录制视频时老师如果手舞足蹈地讲解，摄像机采用自动对焦模式时就容易对不上焦，因此需要把摄像机设置成固定对焦模式。可是，录制视频都是晚上我自己一个人在办公室完成的，如何对焦就成问题了。于是我就想了一个办法，回家拿了一个衣架，上面挂一个东西，将摄像机镜头正好调整到和我的脸匹配的位置，固定好焦距后用遥控器开始录制。整个课程做下来也花了很长时间，差不多每 10 分钟的慕课视频要花 4 个小时的时间，涉及 PPT 设计、视频录制、编辑等过程。当时我是自己制作的，没有请专业的公司。

自己看录制好的视频并没有觉得多么好，感觉内容很朴素。我们一直以来的经验是，慕课不一定要拍得像个大片，只要内容组织得好、思路清晰，就是一门好课。后来发现，陈越老师和我的"数据结构"在慕课平台上很受欢迎。目前，课程已上线 21 次，累计注册学习人数超过 150 万，好评也特别多。虽然花了很长时间，但是受到学生的认可，让我们感觉很值得。

打磨计算机专业的"撒手锏"

20 世纪 90 年代中后期，杭州信息产业开始兴起，大学承担来自产业的课题多了起来，科研活动逐渐活跃。这反馈到人才培养领域，就产生了一个新需求：培养具有较强动手实践能力的本科生。一方面，用人单位对毕业生有这个需求；另一方面，老师做科研也有这方面需求。当时研究生数量少，需要有高水平的本科生来当助手。我们感觉学生的动手能力明显不足，参与项目研发的能力还比较薄弱。

当时我是分管教学的副系主任，系主任陈纯老师和我谈起这个问题，他说，我们专业人才培养一定要通过核心课程培养学生有专业"撒手锏"，能展现真正的专业能力和水平。我很认同这一说法，于是就先重点推几位老师、抓几门核心课程，培养计算机专业能力"撒手锏"。

为了把核心课程这件事情做好，我们先开始建设课程组。课程组是以一门或一类课程为单位，授课老师组成教学研讨和交流小组。课程组负责相应课程的建设和质量把控。比如在陈越老师牵头的"数据结构"课程组里，我们五六个老师组成一组，分工合作承担课程建设任务。课程组会经常组织会议，讨论最近要做的事情、建设课程的想法等，这对促进老师投入教学是一个很好的机制和抓手。课程组还负责授课老师的遴选，如果新来的老师想加入课程组，先要试讲一次课，大家可以进行点评，也会传授教学经验。

"数据结构"课程组研讨会（2017）

课程组建设从 1997 年左右开始推行，先成立了"操作系统""数据库""数据结构"等四五门核心课程的课程组。2002 年计算机学院成立以后，在陈根才老师的大力推动下，一下子扩展到十几个课程组，覆盖了全部核心课程。核心课程建设过程中，最重要的是要求学生做 project（大作业），这与一般的作业不同，需要几个人组队完成一个 project。比如"操作系统"课程要求做源代码分析，"数据库"课程要求学生用 C 语言设计一个小型数据库系统。这些 project 对学生来说收获很大，把学生的动手实践能力培养起来了。

基于这些课程建设基础，我们组织撰写了国内计算机专业最早的实践系列教材。2009 年，围绕工程实践能力培养的主题，我们获得了国家级教学成果奖二等奖，这是浙江大学第一个以院系工作为主体获得的国家级教学成果奖，从那时起到目前为止，我们学院每次都能拿到国家级教学成果奖，还没有中断过。

我觉得，我们学院教学成果不断涌现的一个重要基础就是课程组建设，另外一个重要原因是崇尚人才培养的文化。四校合并前后，时任院长陈纯老师在一次全院大会上表扬过一位老师，他叫黄正谦，是研究网络的。当时网络建设需求很大，黄老师承接了许多来自地方政府和企业的项目，其中有一个项目在海南岛。有时黄老师为了给学生上课，就打"飞的"回来，上完课再坐飞机回去。计算机学院的老师还是很敬业的，这件事情也让我很感动。当时陈纯院长的想法很明确，要把愿意投身教学的老师的积极性充分调动起来，而并不强求每个教师都去做科研，让每个教师发挥所长。我认为这方面计算机学院做得非常好。

随着软件产业开始蓬勃发展，我们学生很容易在社会上找到好工作。相比继续做科研，当时大多数人更愿意直接去工作。这样一来，我们自己的本科生攻读博士学位的人非常少，当时我们每年都招了许多一般高校的直博生。而其他专业的学生，例如机械、化工的，他们也希望到软件公司就业，大学期间会到计算机学院来旁听课程。那时候是陈越分管教学，我就和她商量，把新时期的教学改革重点放到研究性学习能力的培养（即培养对考研的兴趣）和计算机系统能力的培养上。

为了培养学生研究性学习的能力，陈越老师开始组织和推动一系列精品研究型课程（简称精研课程）建设。精研课程要求学生在课后做研究、在课堂上做展示，有点像现在"翻转课堂"的概念。老师布置一些研究课题，让学生在课外研究，再到课堂上面讲，从而培养学生的研究性学习能力。陈越老师还为精研课程建立了一套标准，比如一门课一个学期至少要有两节课时间设为讨论环节，并且有视频记录，达到标准才能被正式列为精研课程。而学生的计算机系统能力培养，由陈文智老师主导，就是把硬件和系统软件课程打通起来进行培养。后来，陈越牵头的程序设计能力培养的教学成果和陈文智牵头的系统能力培养的教学成果分别获得了 2014 年和 2018 年的国家教学成果奖。

"超常规"培养软件与网络人才

2000 年，国家发改委发布了一个推动软件和集成电路产业发展的文件。时任浙大校长潘云鹤院士对此比较敏感，在全国人大会议上提出"超常规培养"软件与网络人才的建议，得到了中央领导和教育部的充分肯定。

2000 年 5 月，计算机学院向学校提交报告，提出成立软件与网络学院（简称软件学院）。当时的宁波市主要领导也主动要求在宁波成立软件与网络学院宁波分院。2001 年 2 月 23 日，浙江大学软件与网络学院成立大会在邵科馆召开，浙江省副省长和宁波市委书记参加了成立大会。这是计算机学院的一个标志性事件。

2001 年 4 月 27 日，第四届全国计算机系系主任论坛在浙江大学召开。参加论坛的代表有来自清华、北大、国防科大、北航、哈工大、南大、浙大等全国 43

个计算机系的 70 多位系领导。让大家意外的是，时任教育部副部长吕福源也专程赶来参加。吕部长这次参会，一个是推动原版教材的引进（第三届论坛提出的想法）和双语课程的建设，另一个就是推动示范性软件学院的建设。当年 8 月，文件就下来了，全国开始启动示范性软件学院申报。现在回过头去看，国家示范性软件学院最早的萌芽就在我们浙大。

建设示范性软件学院的一个好处是教育部给了相应政策，特别是学生学费可以高一点。这样就可能有充足的经费去聘请高水平的师资，包括与企业进行产学合作。这一政策对软件人才的培养起到巨大的促进作用。2000 年，全国软件从业人员只有 20 万，现在已经达到 800 万。

大约 2000 年下半年，学校就着手成立软件学院，那时，曹光彪高科技大楼（曹楼）主楼正好落成交付。为了支持软件学院未来的发展，学校准备规划曹楼二期。宁波市也希望在宁波成立分院，还专门划了一块地。

软件学院成立了，学生从哪里来呢？如果高考招生的话要到下一年。我们想了一些方法，例如，面向社会招收第二专业的学生，当时向教育部申请了大概 400 个名额；还有招收校内转专业学生。我当时作为软件学院副院长，主要负责专业建设。一是构建全新的课程体系，围绕软件人才培养的需求定制；二是创建与国际接轨的新型教学模式，强调产学合作，拥抱国际化。我们学生低年级时学习专业课程，到了高年级就到企业实习。这种模式有助于高校和产业互融互通。在国际化的过程中，我们邀请了很多校外的高级专家来上课，包括海外高校的知名教授以及国际化企业的技术人员。2017 年教育部启动的新工科建设所运用的许多思路与当年软件学院的做法很相似。从某种角度来讲，软件学院不仅创造了一种超常规培养软件人才的模式，而且带动了中国高等教育的深度改革。通过在当时的背景下探索软件学院建设之路，我们也慢慢学会了如何面向产业发展培养产业所需要的人才。

浙江大学获批试办示范性软件学院（2001）　软件学院设立软件工程本科专业并招收第一批本科生（2002）

不要让老师感受到来自各项指标的压力

我在 2010 年左右，向本科生院提出了适用于浙江大学各学院的一个教学质量评估指标体系。在这个体系下，计算机学院连续多年名列前茅。事实上，无论是在大家的印象里还是反映在指标上，计算机学院的教学都是有口皆碑的。

鼓励老师积极投入教学是我们学院非常重视的事情。2005 年前后，计算机学院的科研经费突破 1 亿元，年底我负责做年终奖分配的具体方案。陈纯院长当时给了大致思路：第一是行政人员收入偏低，没有其他收入来源，奖金要首先考虑他们；第二是要激励投入教学的老师；第三是要考虑为学院做出重大贡献的老师，比如获得科研奖励、发表高水平论文等情况。

在学院职称评审时，我们会专门请分管教学的副院长对候选教师的教学情况进行评述。我们推到学部的排序中，就不完全看发表论文的情况了，教学贡献是很重要的一个方面。在这样的学院氛围下，大家能够很好地发展自己的个性：有些老师研究工作做得好，那么论文数量就多；有些老师工程能力强，就多承担大项目；有些老师教学优秀，就多承担一些课程任务，提高教学水平，争取国家教学奖项。陈纯院长所主张的观点，就是不要让每位老师感受到来自各种考核指标的压力，这样不利于发展。

我们希望每位老师在计算机学院都能感到自己发挥了最大的潜力，能够做自己想做的事情，所以我们学院无论是看论文、项目还是教学，都有拿得出手的优秀成果。这样一种理念让每位老师都能发挥自己的优势，所以我们整个学院能够全面发展并取得不错的成绩。

何钦铭

1981 年 9 月至 1988 年 6 月就读于浙江大学计算机系计算机应用专业。1988 年 8 月至今在浙江大学计算机学院（系）任教。

口述人：陈越

让世界看到我们的学生

陈根才老师担任分管教学的副院长时，我是院长助理，也跟着学习了很多教学管理的经验。陈老师卸任以后，我又担任分管教学的副院长，干了八年时间，所以接触学院教育教学工作的时间也算是比较长的。

2000年后，国家层面开始逐渐重视国际化，所以那段时间我们学院推出了很多双语教学课程，还申报了国家双语教学示范课程等。另外，我们创立了很多学生国际交流项目，这些项目都是从无到有，个中过程还是充满艰辛的。

我们为什么要推国际化呢？其中一个重要的目的是希望世界能看到我们的学生。我们的学生不能只是"关起门来"自己觉得很厉害，而是应该被推到世界各地的学校去，让世界知道我们的学生是很优秀的，然后通过他们的表现，让世界各地的学校和我们的合作伙伴记住浙江大学这个学校，并意识到浙江大学计算机学院的本科教育水平还是很不错的。我们派出国的学生基本上都得到了非常好的反馈，他们也慢慢积累了更强的国际交流能力，这也是我们花了很多年的时间才培养起来的声誉。在我快卸任的时候，我们学院每年的交流机会大概可以覆盖半个年级的学生，这是我做得比较满意的一件事情。

做浙大的老师，一定要学会"偷懒"

既然浙江大学是一所研究型大学，它就应该有研究型优势，我们应该把它的优势运用在本科教育教学当中，这就需要考虑怎样把研究方法跟教学方法相融合。那个时候我在学院里推出了一系列精研课程，这类课程的核心点就是要培养学生的创新意识。

创新能力是没办法仅靠课堂培养出来的，我认为有时候需要依靠一些手段来激发学生的创新意识。所以什么是精研课程？简单来说，就是老师不要讲太多，把核心点讲透就可以了，剩下的让学生自己去搞定。学生要有研究、有讨论、有批判、有质疑，自己去发现更多的东西，这样才是一切创新的最原始出发点，而不是只让学生死记硬背老师上课讲的内容，然后考个及格就可以了。

所以当年学院获得了不少教学成果。如果说国家精品课程是我们的"金牌"课程，省级精品课程是"银牌"课程，校级精品课程是"铜牌"课程，那我们学院的精研课程就是"钻石级"课程。所以我很感谢当时不少非常支持我们这个项目的老师。

我也很高兴看到每年进到学院里面的"小朋友们"，整个学生群体的性格其实是在变化的。1996年我刚回国的时候，我教的浙大学生还是非常腼腆的，很少会有学生在课堂上打断老师提问，甚至我提问后学生都有点不好意思回答。

在这方面，我觉得国际交流对学生也产生了很多的影响，比如中加班。通过这个项目，浙大的孩子看到国外的学生在课堂上随便打断老师提问，不管有什么问题张嘴就说，这时候课堂上就有一个很好的互动氛围，浙大的孩子也慢慢活跃起来。我更高兴的是看到现在的"小朋友们"，特别是"00后"其实已经很活跃了，有时候会在课堂上提出比较有挑战性的问题，比如"老师刚才说的是不是有问题？""我是这么想的……这个思路是不是更好？"——都是非常好的问题。

如果要概括学院的教学理念，我认为可能就是启发和激活。我觉得传统教育很大的一个问题是会打压学生内心对学习的热情，使得学习少了很多乐趣。所以我希望我们在大学课堂里做一些事情，唤醒学生的学习热情，也就是"激活"。通过启发式教学方法，把学生的活力激发出来，这是学院整体的一个教学思路。

所以我常常向年轻老师建议，做浙江大学的老师，一定要会"偷懒"。为什么呢？你如果在课堂上把所有的知识点全都掰开、揉碎、讲透了，对于浙大学生来说，这不是一件真正有益的事情，因为他们会发现，课后作业一点难度都没有，考试也是背背书、做个题就过去了，他们会觉得这门课味同嚼蜡。因为浙大的学生能力很强，对于能力强的孩子，你只要把果子摘下来，他们自己就会吃，不需要在自己嘴里头嚼碎了再喂给他们。所以老师要做的事情就是把所有的知识点梳理一遍，再把最关键的知识点讲清楚。

除此之外，老师要设计的是问题，需要给学生抛出一系列问题，让他们自己去想，如果他们能把这些问题想清楚，那么这些知识点他们已经掌握了。这就需要老师很好地设计课堂内外的一系列机制，包括考核机制。这个知识点老师不一定讲，但可以通过设计一道题、一个 project，让学生自己领悟这个知识点。能把报告写清楚，就说明这个知识点学生已经懂了。如果写不清楚，还要给他们找补。大概是这么一个思路。我认为好老师的时间不是花在课堂上讲知识点，而是花在课下去琢磨，到底要在课堂上为学生呈现什么、要怎么给学生打开思路。问题的设计可以体现老师的水平，所以精研课程的特点就是用问题驱动课程。

在"快乐课堂"，我负责把氛围"搞起来"

2014 年，何钦铭老师、翁恺老师和我申报了题为"课内外融合的程序设计能力培养方法的研究与实践"的国家教学成果奖。何钦铭老师的 C 语言是学院第一门国家精品课程，在此基础上，我们融合了一系列与程序设计能力培养相关的举措和成果。比较有影响力的一个是 ACM 竞赛（全称为 ACM-ICPC 竞赛），在这个比赛当中，浙大也取得了比较好的成绩。另一个是 2011 年，我在学院创办的 PAT（Professional Ability Test，计算机程序能力考试），这是一种用标准化方式衡量学生程序设计能力的考试。创办这个考试的初衷是帮助学生和企业对接，因为企业招人的时候很苦恼，不同学校的学生即使拿了相同的课程分数，但因为考核标准不一，很难进行比较，对学生而言也不公平。所以我们就开发了一个程序设计能力考试体系，也就是 PAT，由此比较客观地衡量学生程序设计能力在全国大

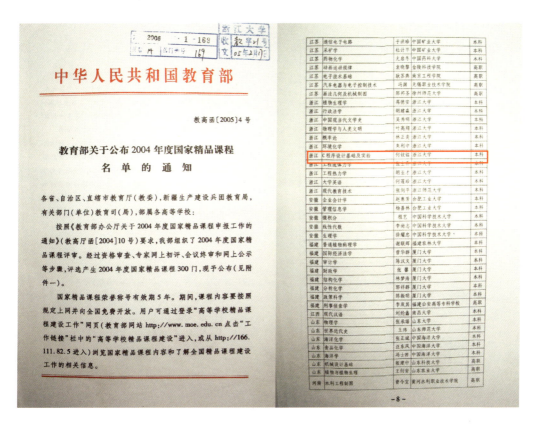

何钦铭老师"C 程序设计基础及实验"入选教育部 2004 年度国家精品课程

学生中的水平。这也是我们教学成果奖的一个重要组成部分。它把我们十几年来在程序设计教学中的经验融合起来，帮助学院扩大了在程序设计能力培养方面的全国影响力。

我刚带队参加 ACM 竞赛时，其实对整个赛制不是非常熟悉。到了现场才发现，它要求各个队伍在比赛现场做题，做对一题就会插一个气球到你面前，所以就很热闹、很好玩。看看什么颜色气球出来得比较多，就知道哪个题比较简单；谁面前的气球多，谁就是赢家。但对于我们初次参赛的人来说，现场压力巨大，因为在做不出题目而看到周围的队伍都在升气球时，就会急得满头大汗。2000 年左右，我第一次带学生去上海参加比赛时，我们就处于 "刘姥姥进大观园" 的状态，当时我们就是什么经验都没有、从零开始的一群 "小白"。

所以那时候，我们提出的口号就是 "快乐竞赛"，让学生能从比赛中学到东西，并且通过参加比赛激发他们对算法的热情，他们自己就会疯狂地刷题，非常着迷。这些学生本身都是很有天赋又很厉害的学生，所以我的作用其实就是鼓励他们。当然我也会去组一些题，也建了自己的浙江大学程序在线评测系统

浙江大学程序在线评测系统

（Zhejiang University Online Judge，ZOJ）网站，这是中国大陆第一家面向全球开放的 OJ 网站。网站在当年红极一时，由我们集训队同学自己开发，然后大家往里面灌题，一起训练。每个月我们都有全球的比赛，都是我们自己出题并开放给全世界。全世界想玩这个比赛的学生都会来做我们的题，当时大家觉得特别自豪。后来我们还把自己写的代码放到开源社区，于是没过几年很多学校都有了自己的 OJ，遍地开花，这一切都是从浙大开始的。

我们就像一个大家庭一样，我负责把氛围"搞起来"，并给队伍寻找经费支持。有些学生在算法方面很有天赋，但在日常生活中的能力以及与人沟通能力相对比较弱一点。我作为一个老师，要做的就是照顾好他们，帮他们把这些琐碎的事情打点好，学生们只要专心做他们喜欢的事情就好，这就是我们说的"快乐竞赛"。

王灿老师在 ACM 竞赛上付出了非常多努力，他带队的风格可能跟我不太一样，他是比较严谨的。总的来说，那段时光很快乐，也很难得。我带队的那一批学生现在都已 40 多岁，成为大企业的骨干，但我们回想起来那段时光，还是觉得很快乐。我觉得在一个人的生命里，这些可能是比成绩更重要的东西。所以我其实非常感谢学校给了我们这么多经费支持。浙大从上到下，都有一个比较包容的环境，具有海纳百川的特点，这是非常难得的。

给天才铺路

ACM 集训队里有一个让我觉得挺得意的孩子，叫吴嘉之。我觉得他是一个天才，可能不是那种竞赛型的天才，但只要是与算法相关的问题，你给他什么，他慢慢地都能自己想出来。他后来在集训队里担任我的助理教练，也是我们 ZOJ 的题库大管家，为集训队做了非常多的贡献。

吴嘉之履历:

TopCoder Collegiate Challenge(TopCoder 大学挑战赛),国际比赛地区冠军,2003年;

ACM·国际大学生程序设计竞赛 (ACM-ICPC),2003年,冠军,会津;2003年,亚军 西安;2002年,第4名,北京;2003年,全球总决赛第13名。

国际大学生数学建模竞赛 (International Collegiate Mathematical Contest in Modeling),二等奖,2002年;

ZJU Google Camp 创立者兼2006年第一任会长。于同年担任谷歌(Google) 的技术实习生;为浙江大学的 ACM-ICPC 团队指导并创建了新的培训课程,使其在2005年的全球总决赛中取得成功;

在 TopCoder 的履历和名誉-- 有史以来最多产而且最成功的员工之一。

吴嘉之履历

他上中学的时候,也参加编程比赛,但他最后差了一分没进国家队,所以就特别沮丧。这件事情当时把他打击到这辈子都不想写程序了。他别的科目也很好,特别是英语,他是靠英语竞赛成绩保送到浙大的,很擅长写散文,中英文都写,甚至英文比中文写得还要好。他进浙大时,我刚开始在浙大推 ACM-ICPC 竞赛,要组织校赛。他的室友想来参加比赛,知道他写代码很厉害,就把他一起拖过来了,随便玩了一下,成绩还不错。我当时给成绩不错的学生都发了邮件,邀请他们暑假来参加集训。吴嘉之收到邮件后是八百个不愿意,找了各种理由,我跟他说没关系,这个集训队挺好玩的,可以过来看一眼,如果觉得不好玩,下周就可以不来,咱们一切都是自愿的。然后他就过来看了一眼,这一看,马上就走不动了——他还是喜欢代码的,天分就在这里。所以他一旦做起来,就根本停不下来。后来他进了世界总决赛。

有一年大概是快过年的时候,他在校内论坛上发表了一个帖子,我们那时候用的还是飘渺水云间 BBS(网络论坛),帖子的大意是说要感谢陈越姐姐,让他发现编程还是挺好玩的。他说了自己的心路历程,本来已经对编程、比赛失去兴趣,觉得花那么多精力,最后因为一分之差就什么都没有了。我所做的就是帮助他重新发现了他的兴趣。后来他痴迷到什么程度呢?那个时候美国有一个挺有名的 TopCoder 网站，上面有各种比赛，也提供奖金。网站积累了一定人气之后，会把企业任务打包作为比赛题目，所以它的商业模式就是让全世界最厉害的程序员完成企业任务，然后从中评选出最好的结果交给企业。吴嘉之参加了上面很多比赛，只要是他参加的，基本上都拿了冠军。然后《华尔街时报》有一篇报道专门提到中国浙江大学吴嘉之的名字，他在 TopCoder 上的表现让全世界重新评估了中国人从事软件工程的能力。后来他担任了 TopCoder 的亚洲副总裁，但他又是一个很随性的人，现在在全世界旅游，给杂志社写写文章。

后来在我副院长任期的尾声时，国家开始推行求是科学班，学校要求我们学科给拔尖班学生设计专门的培养方案。我当时还是把普通的培养方案放上去了，它的特别之处在哪呢？就在于没有必修课和选修课的限制，我们可以提供的课全都在，这些天赋很高的孩子可以自由选择。所以我认为我们老师要做的事情就是给天才铺路，帮他们打开所有的门，让他们尽情地去发挥他们的天分。当遇到天分很高的人时，我希望能够全力以赴去帮他，而不是去管教他。我们鼓励学生、帮学生把路铺好，作为一个老师就已经尽职了。

程序设计教学"三剑客"

在教育教学方面我特别尊敬两个人，翁恺老师和何钦铭老师。翁恺老师的教学口碑不用说，是学生们最喜欢的老师。中国大学 MOOC 刚推出时，翁恺老师在上面开了他的第一门叫"C 语言程序设计"的慕课，他凭借那门课拿到了"中国慕课第一人"的称号。许许多多学生口口相传来听他的课，我也是在他第一次开课的时候就去听了，正襟危坐地听，一分钟也不落下。听完之后，我觉得非常佩服，学到了很多东西，不是 C 语言这门课的内容，而是教学的技巧。翁恺老师的厉害之处就在于他把所有的细节都处理得非常好，有一种很精妙的感觉。

其实我觉得自己讲课也不错，学生也挺爱听，我也能把一些复杂的东西讲得很清楚。但是我听完翁老师的整门课之后，还是学到了很多。他的课是由非常多细节组成的，他在每一个细节上都特别好地照顾到了每一位初学者。他会设想初学者可能面临什么困难，面临困难时会产生怎样的心理，听到这里的时候会是怎样的反应，然后他都会稳稳地在那里接住。所以没有基础的"小白"去听他讲课的时候，安全感会特别足。再加上他非常讲究，所有事情都做得非常细致，录制慕课的时候灯光怎么打、麦克风要调到什么位置，都有仔细考虑。我就没他那么讲究，比较粗糙一点。所以在教学方面，我还是很佩服翁恺老师的。

何钦铭老师是我的老领导。我在刚开始管教学的时候，其实是从一个普通老师过来的，也不太会管理，没学过任何管理的课程，没有任何经验。当时何老师教了我非常多，比如管教学的时候要注意哪些事情、政策要怎么制定、人要怎么管理，诸如此类。但这不是主要的，主要让我很惊讶的是，何老师作为一个领导对教学的热爱，这是给我印象特别深的一件事情。

自从翁恺老师的"C语言程序设计"慕课一炮打响、全球闻名之后，何老师就很兴奋，想尝试做慕课。其实对于慕课这件事情，我自己本来不是很感兴趣，因为那个时候工作很多，录制慕课是很累、很花时间的。但是何老师特别有激情，他特别想做"数据结构"的慕课，刚好我们两个都是教"数据结构"这门课的，他就跑来找我，说我们一起开一个慕课，很好玩的。我当时觉得何老师是非常忙的大领导，他那时在管全校的继续教育，忙到什么程度呢？我和他一起出差，飞机一落地，他的手机一打开，短信、电话就一刻不停地涌进来，他一路上就不停地在接电话、回短信，忙到焦头烂额。

我当时就想，这么忙的一个领导，要去做慕课这样一个工作量巨大的事情，最后一定就是你讲一个开头、讲一个结尾，然后中间都是我的活，所以我不是很情愿。但是何老师特别有激情，我就只好答应下来，也算是"舍命陪君子"。我把要讲的内容理了一下，就跟何老师说，你先挑，剩下的都是我的。我本来已经想好了，中间都是我的，结果何老师正正经经地"挑"走了一半的工作量，当时我就惊呆了。我觉得他是真的喜欢教书，是真心热爱这件事情，如果没有热爱，他不可能做这件事情。

我在BBS上宣布，我要"长辈分"了

现在的同学们对我的称呼是"陈越姥姥"，我觉得非常亲切。但其实最早学生是叫我"姐姐"的，可能有一些老师让学生不要乱叫称呼，叫老师就好，但我不是很在意这个事情，然后学生当中有一个人开始叫"姐姐"，大家就都开始跟着叫"姐姐"，一叫就叫了好多年。后来到了我表姐的女儿也在浙大念书的时候，我就觉得我这个"姐姐"是不是该升级了，要不然辈分就不对了。我那时候在飘渺水云间BBS上开玩笑，说我要长辈分了，你们不能再叫姐了。当时刚好张纪中导演的《天龙八部》正在上映，里面有一个天山童姥，武功很高强，人很厉害，但外表如小孩一般。我说不如直接跳级做"姥姥"。后来的"小朋友们"就慢慢开始改口叫"姥姥"。

陈越

1999年至今在浙江大学计算机学院（系）任教。

要有这种雄心，去做第一个开出这门课的人

1991 年，我进入计算机系读本科。那个时候作为学生很多事还没有想明白。回头来看，会觉得那个年代计算机系已经做了很多有意思的事情。计算机系有个重要的理念，就是教学和科研有机统一，这一点在很多地方都得到了体现。有一件事情我印象非常深刻，当时朱淼良老师为了科研购置了全校最好的 Unix 工作站，显示器是彩色的，上面甚至还有声卡，那还是在 20 世纪 90 年代早期。他就用这个机器上的声卡去做多媒体方向的研究，后来给我们开设了多媒体的课程。这就体现出老师们的科研和教学都是有机地结合在一起的。

我当时的导师是王申康老师，他原本做农业的人工智能。但在这个过程中，他发现还有一个小的研究方向——计算机辅助教学（CAI），就带着我们开始去做计算机辅助教学的事情。我在实验室做的第一件事就是教学生学习 DOS 操作系统的教学软件。再后来，1993—1994 年，我们和何钦铭老师一起做 C 语言教学软件。那个时候我们的科研和教学都是结合在一起的，一方面是老师的科研会带到教学中来，另一方面我们其实也在做一些直接用于教学的研究工作。

从科研和教学并重的理念中，我有两个值得探讨的观点。首先，我认为大学的科研和企业的科研是两回事。企业的科研目标很明确，它的成果要服务于企业本身或者服务于社会。但大学科研的根本目的是培养人。每个导师都会有自己的

研究方向，但是事情肯定都是带着学生一起做的，这个过程中当然会有许多成果产出，但这些都是副产品，最终的目的实际上还是培养人。导师带着学生做科研的根本目的不是为了把这个事情做出来，而是让学生在这个方向中得到训练，学习应该怎么写论文，怎么做实验。所以我的一个基本观点是，高校的科研本质上是教学，只不过是不同形式的教学而已。

第二个观点是，我们应该把科研中阶段性的东西，组织成课程传授给本科生或者研究生。浙大的老师应该有这样的历史定位，我们要去开创新课，而不是守着已有的课程。我们应该有这种能力，也有这种雄心，去做第一个开出这门课的人。我们学院，包括我自己在这些年也开过不少新课。比如陈越老师带着我开的课现在叫作"技术沟通"，当年叫作"面向信息技术的沟通技巧"，至少在计算机专业领域里面我们是第一个开出这门课的。

我认为从事教育很重要的目标就是给学生一个不同的视野去看一些不同的东西。我在很多课上都会告诉学生说，我们浙大计算机系的同学给自己的历史定位应该和其他学校有所不同，这个不同体现在哪里呢？我们很多计算机人都会说"轮子"，它是指别人写好的现成代码。用"轮子"做东西，肯定是没错的，比如我现在要造汽车，一定不可能先去生产轮子，而是去买现成的轮子来用。但我经常和学生说，浙大计算机学院的学生不应该只是用"轮子"的人，我们要培养的是具有造"轮子"能力的人，而且我们当中应该要有一些人最后造出能够为全人类所用的"轮子"。这就是我们应该给自己的历史定位。所以你如果只去学一些表面的、应用型的东西，可能一辈子都只能用"轮子"，只有学一些非常基础的、理论的知识，才有可能将来造出"轮子"。这是我站在这个角度去想的东西。

我自己开始教学工作以后，另一个很强烈的感受，就是我们系给老师们创造的科研和教学氛围是比较自由宽松的。老师们有自由发挥的空间，可以去做自己想做的事情，不仅在科研上，也包括教学上，可以有自己的变化，比如申请开一门新的课程并开始上课。以我自己为例, Java 语言是 1995 年出来的, 我们是在 1998 年开始开这门课, 这已经算是非常早了, 因为 2001 年的时候连阿里巴巴都还没有人会 Java, 所以找我去给他们上课。1998 年的上半年, 我们计算机系就非常有预见性地说要开 Java 的课, 但没有人以前就学过这个, 所以系里就问哪位老师愿意上这个课, 可以来报名。当时其实我也不熟悉 Java 这个语言, 我的导师王申康鼓励我去试试。和我一起去的还有郑扣根老师和张明敏老师, 郑老师负责给系里的学生上课, 我和张老师去上全校的公共选修课。当时互联网还没有像今天这么方便, 但我还是在网上找到了一些关于 Java 的资料, 还找到了一本 Bruce Eckel (布鲁斯·埃克尔) 的正版教材, 我就下载了整本打印出来, 大概有 1000 页, 然后就自己慢慢地看, 学懂了之后就上课。这算是我教学生涯的第一门课。通过这个事情, 我认为系里非常有远见, 很早就看到了应该让我们学生接触和掌握的一些东西。

刚开始上 Java 全校选修课的时候, 我们上课在教七, 那时候还没有投影, 所以我们为了演示程序的运行, 都是在黑板上手写程序。同时也没有上机操作的机会, 所以学生其实是听我讲了一个学期 Java 的故事, 到期末的时候做一张卷子, 至少知道他们大概想法是什么, 也就到这个程度。第二年还是上这门课, 但教务处告诉我说有投影了, 可以准备 PPT 了。后来回过头去看, 当时准备 PPT 的时候, 还好我留了一个心眼, 一开始大概准备了四五周的教学内容的 PPT, 是根据我之前手写的教案来做的。后来发现一次准备四五周的 PPT 无比正确, 因为第一次用 PPT 去上课, 一节课就把上一年两节课的内容讲完了, 以前要手写代码, 现在按个鼠标 "啪" 一下屏幕就出来了, 整个效率高了很多。

"野生"老师进阶记

2002 年的时候，浙大有远程教育，上课方式是老师在空教室讲课，底下没有学生，录制成视频放在互联网的服务器上。但当时不是今天的这种流媒体形式，而是一个视频文件，需要下载后在电脑上看。然后就有人把视频做成光盘。2014年参加学术会议交流的时候，就有老师说当年是看了我 Java 课程的光盘才学会语言的。

2011 年，陈刚老师想要尝试做慕课，提议由我去做，因为觉得我在镜头面前讲过课，有这方面的经验。我自己对于尝试新的东西本身也很感兴趣，所以就着手开始做。坦率地说，这个事情收获到一些成功我也是比较意外的。慕课和在线下教室里上课，还是有些不一样。比如在线下上课的时候，老师其实没有机会事后再去看自己到底是怎么讲的、PPT 到底是怎么放的。而慕课是在自己录制、剪辑的过程中能反复回看讲课的内容和方式的，这样更容易从学生的视角去看自己讲的东西。我好几次回看的时候，发现如果我自己是学生的话，是听不懂我刚才讲的内容的。只有自己去看录像的时候才会意识到这一点，然后再去调整甚至推翻之前上课的内容。

所以我觉得慕课一个很重要的优点，就是让老师有机会站在学生的角度去想怎么上课效果更好。第二个优点是有利于优秀教学内容和模式的传播和传承。很多老师，比如我自己，都是没有读过师范大学的"野生"的老师，慕课这种形式也让我们能够更好地去摸索和学习上课方式。我们经常会把我们的老师在课上讲得好的内容或者案例用到自己的课程里，这就是一种口耳相传，或者说师徒传承。慕课使得原来只有我自己学生学的课，变成了全国人民都能看到的课。浙大这种很好的教学传统能被全国的学生看到，也让更多人知道了浙大的优秀课程。

提到制作慕课的经验，其实慕课不是简单地把线下的课程完全搬到线上。因

翁恺老师在中国大学 MOOC 网站上的主页及相关课程

为慕课是一种线上的教学形态，我们需要根据线上的教学形态的特点重新设计整个教学方案。它有很多自己的特点，我可以讲几个基本的思路。第一个思路是我们应该理解学生在看慕课视频的时候是可以暂停和回放的，也就是说可以调节它的节奏，这是一个非常重要的出发点。第二个思路是老师讲课内容的推进，比如本来设计好第一、第二、第三这么几个点讲过去，但学生是可以跳着看的，他们有自主的节奏和路径。所以老师一定要为学生的自主学习留下空间或者说做好准备，这是很重要的。第三个是我们在教室里上课的时候，表现手段就是 PPT、板书，可能还有教具，然后就是老师讲——这是仅有的四种表现手段。如果做成视频搬到屏幕上，依然只有这四种手段。但对于学生而言，他们需要通过看这个视频来弄懂很多新的知识和道理。所以老师在慕课里不应该仅仅是讲课那么简单，而需要思考怎么去用视频手段更好地表达这些知识点。所以归根到底，最重要的还是要站在学生的角度，考虑学生会怎么用老师的教学材料辅助学习。

所以刚开慕课的时候，我们也问了很多学生，去了解他们是怎么通过慕课学习的。我们也请了一些学生来做慕课的助教。在这个过程当中，我作为老师也学到了很多东西。其实对于学生的自主节奏和自主路径来说，在自主节奏上我们能做的事情不是特别多，只能尽可能去理解学生。比如我们会在视频里面嵌入问答，这些问答其实是有意去调节学生的节奏的，因为问答出现视频就会停止播放。我们通过后台的数据也发现，很多同学在看到这个问答之后，即使这个知识点在前一秒刚刚讲过，他们为了回答这个问题，也会倒过去回放一遍。我们认为从学习的角度来看，这 10 秒、20 秒的回放对他们是有益的，能加深他们对此的认识。在自主路径上我们能做的就是尽量减小不同视频之间的耦合度，让它们不相互依赖，拿出的任何一个视频都是可以开始看的，是独立的、自成体系的。

如果我是学生

陈越老师是我们学院爱生重教的一个典型代表。我是通过一起指导竞赛和课程教学认识她的，她后来成了分管教学的副院长。陈老师让我明白了非常重要的两件事情。第一个就是凡事都要以学生为中心，要站在学生的角度去考虑怎么做对他们的成长更有利。如果能实现这一点，那么为此付出一些代价、多付出一些努力都是值得的。第二个是她让我认识到，找学生帮忙做事，有时也需要考虑给他们一些回报或奖励，这一点本质上也是为学生考虑，这是我以前没有想到的。

另外，陈天洲老师也是我非常敬仰的一位老师。我和他其实有很多交集，比如他的 88（即飘渺水云间 BBS）ID 叫"fat"，我的 88ID 叫"fatmouse"，所以那时候有人会把我们两个搞混。陈老师的研究方向也和我一样，我们都是做嵌入的，但是他的起点比我更高。我们当时的实验室都在曹西的四楼，他在 406，我在 401，所以我们也经常会有很多工作上的交集。我还接了他另外一个班，就是浙江省的大学生计算机等级考试，他的那部分工作后来是我去接的，所以我也会经常过去探望他。他给我的一个很深很深的印象，就是他的雄心壮志，他很早的时候就说要做院士，而且做院士的几个台阶、几个步骤都想得非常清楚，我一直为他感到惋惜。

陈老师和学生的关系非常非常好，好到什么程度呢？就是他经常会在 88 上留言说"我准备去吃夜宵了"，通常这个时候可能已经比较晚了，他会留言说"我在小南门等着，谁来就一起去"，也不管认不认识，只要有人来了说找"fat"，然后他就和学生一块儿去了，就像朋友一样。

学院最早开始重视竞赛要归功于何钦铭老师。我记得在我和陈越老师之前还有另一个老师也带过两三年竞赛。我到现在还印象非常深刻，大概 2002 年，陈越老师给我打电话，让我去她那里商量一件事情，她就问我愿不愿意和她一起做竞赛，我当然是很愿意的。于是那一年我们就在校内办了一次比赛，是在玉泉教十一办的。学院从一开始就是无条件支持我们做这个事情的。

在国内，上海大学是最早开始办 ACM 竞赛的，2003 年的时候我们还去了上海大学参赛。后来国内很多学校也慢慢接触这个事情，并且开始办一些区域赛。2005 年，我们自己办了区域赛，这个过程中我们主要负责两部分工作，一个是出题，还有一个是赛场和整个比赛的组织。我们也有很多自己创新的东西。比如我们给做出题目的队伍发气球这个环节，以前都是有人时时刻刻盯着排行榜，有人做出一道题就告诉送气球的人要送什么颜色去几号桌，是完全靠人工口耳相传的。于是我们就做了一个自动打印装置，就是那种热敏的打印机，然后写一个程序，连上判题系统，当有气球要发的时候这个机器就会自己打印一张单子出来，就像现在的外卖店打单机一样，我们就可以让志愿者根据单子去送气球。这就是发挥我们计算机的专长，去做一点新的东西。

刚开始指导竞赛的时候，带学生出去比赛的旅程中发生过不少趣事。我的主要工作是负责路上的事务，比如所有的出行手续和攻略等。尤其像总决赛，所有的练习都已经在平时做好了，我们的目标就是愉快地去、安全地回来。很多学生都是在那时第一次出国，甚至第一次坐飞机。我记得第一次去的日本，拿了区域赛的冠军，然后去了美国。我记得 2003 年我们还是带着纸币，2004 年带着信用卡，2005 年可以手机漫游了。当你需要提前准备好纸币，而且出国以后手机也没法用的时候，才会感受到国内国外还是不一样的。我们也从中非常直观地感受到了我们国家的发展变化。

翁恺

　　1992 年 9 月至 1995 年 6 月就读于浙江大学计算机系计算机硬件专业。1995 年 9 月至今在浙江大学计算机学院（系）任教。

六、在全球版图中
厚植生命力

20 世纪 90 年代后期，浙江大学计算机科学与工程学系出现了大团队项目减少的状况，许多优秀青年教师只能凭借已有积累，各自分散地申请国家自然科学基金和 863 计划中的一些小项目，难度不小；或者为企业信息化做一些技术推广项目，较为分散。

看到系里的才俊面临的难题，何志均先生积极探索向国外找出路，坚持不懈地推动与国外公司的联系和合作。终于在 2000 年，他通过时任美国道富银行首席技术执行官 Jerry Cristoforo，找到了合作机会。2001 年春，杨小虎、孙建伶、周波受道富银行邀请去波士顿总部参加培训并熟悉业务，半年后双方开始落实合作。2001 年 11 月，浙江大学道富技术中心创立，成为计算机学院国际合作的标志性事件。其后技术中心逐步成立"恒宇""恒天"等软件公司，为国家培养了优秀的软件人才，为浙大软件工程学科发展做出了切实的贡献。

同时，计算机学院多渠道开展国际合作探索，于 2005 年正式启动中加班项目，培养了一批熟悉中国和加拿大两国文化，兼具扎实的专业理论基础和较高综合素质，且极具国际竞争力的高层次计算机技术人才。

2001 年 11 月，浙江大学道富技术中心创立，浙江大学与道富银行合作研究开发全球化金融软件及技术，迈出学院国际合作的一大步。据学校科研处 2007 年统计，技术中心已经成为浙江大学当时规模最大的国际合作项目。

2001 年 11 月，美国道富银行与浙江大学合建的浙江大学道富技术中心在浙大成立，图为该技术中心理事合影

口述人：汪益民

1993 年 11 月我到计算机系担任党总支书记时，何志均老师刚刚退休返聘，担任计算机学院学术委员会主任。他虽然年逾古稀，但是精神矍铄，思维敏捷，大家都非常尊重他。

一封手写的长信

我原本在宣传部工作，那个时候学校希望我能够到基层来。我之前在数学系念书，后来担任数学系党总支副书记，分管学生工作，之后担任主持党务工作的副书记。1993 年 11 月 8 日，学校正式确定我到计算机系工作，和计算机系的党务工作者一起见面，然后就由我主持计算机系的党务工作。

何老师当年为了成立计算机系，从数学系调集了大约 10 位教师到计算机系，当然也从其他学校引进了相关专业方向的人才。

浙大计算机的发展在全国是比较早的。何老师本科是电机系的，后来建立了无线电系。无线电系成立以后到 20 世纪 50 年代，大约是 1956—1957 年，他认为中国也要发展计算机。但是计算机要如何发展，实际上当时并不是很清楚。何老师是为了国家需要去研究的，也是一直为了国家发展在努力。

1970 年左右，无线电系还在三分部（之江校区）时，何老师就开始不断思考怎么做计算机，以后怎么样能够发展得更好，再逐步地从外面吸收人才。何老师在用人方面做得比较好，非常会调动人才的积极性，很多老师被他感动，非常信任他。这些工作对学院的人才培养大有帮助。

在这个过程中，浙大计算机系的发展在全国来说大概是排在前三名的，但是何老师的眼光很远，那时就提出需要思考浙大计算机系怎样发展才能更有特色。我到浙大计算机系之后一两年他就退休了，退休以后他还是经常到系里来，有时他会去植物园走一走，有时也会到办公室跟我聊聊天、谈谈心。

2000年秋天的一个下午，77岁的何老师来办公室找我，递给我一封他用钢笔亲手书写的长信，然后和我谈了半个多小时。信和谈话的大意是：他多年来反思，当时所瞄准的国外同类产品已有很大拓展，而国内产品自身又缺乏产品推广的后劲，这也是中国跟踪项目的通病。他认定应该和国外企业在开发上密切合作，只有这样，方能缩小差距，与世界同步发展。为此，何老师积极地寻找与全世界软件最发达的美国企业合作的机会。

在交流过程中他讲到了一个问题：浙大计算机系虽然在国内的发展排在前列，但是与国外的交流太少。实际上在计算机系成立大约20周年的时候，我组织了一次回顾活动，回忆起何老师当时提到计算机系怎么发展时，特别强调了"走出去"，当时他就派学生到欧洲去学习国际先进经验，所以说他非常有想法，并不是故步自封的。我看了他的长信以后觉得他写得很用心、很详细，他就是想让我们培养的学生能够符合社会发展的需要，想把计算机学科发展得更好。

这封信里强调了一点，就是我们要向国外学习。当时正好是四校合并不久，校领导对各个系也提出了新的要求，希望做出成绩来，包括发展科研、教学。这对系里的行政领导来讲，压力是非常大的。

何老师为什么来找我？因为这些行政领导基本都是他的学生，他也知道他们压力非常大。何老师的想法我是很赞成的，但我是一个党委领导，不是一个行政领导，所以我把这封信还给他而没有留存下来，如今想来有些可惜。

与何老师谈话后，我为他不顾自己年事已高，依然为了祖国计算机科学技术发展和软件产业腾飞而奋斗不止的精神所感动。虽然我深知当时四校合并不久，系所的教学和科研任务重、压力大，要抽调骨干师资支持何老师的建议确实存在不少困难，但是我想"办法总比困难多"，何老师的建议很有道理，不容草率。

于是我就一方面建议他找潘云鹤校长汇报，另一方面向系党政联席会议做了汇报。当时我建议他把这封信上面的称呼改成潘云鹤校长，因为潘校长是何老师的学生，又是校长，他对学院的情况很熟悉，所以可以去和他谈谈。这也是为了今后的发展，不是为了局部的利益。何老师后来去找了潘校长，潘校长很赞成，认为这个事情值得做。

一炮打响软件外包服务

当初何老师找我谈，是从长期发展的角度考虑的，因为他一直很关注派学生出去进修、留学的工作。当时他的三位得意门生正好符合出国条件——杨小虎、周波、孙建伶，是年纪比较轻的三个博士。他们的科研压力也不是很大，何老师认为发展国际化这一块，他们三个是具备条件的。当时刚好有一个机会：美国一家公司发展得很快，原来在日本有一家分公司，但在发展过程中他们认为与日本合作不是那么合适，就想与中国合作。美国这家公司最早在北京找了北大等学校，但了解之后发现优秀毕业生都出国了，真正留下来的学生并不是最出色的，而且一门心思就想出国。

这个消息正好被何老师一个大学同学知道了，他马上告诉何老师有这么个机会，美国这家公司在北京没有找到合适的合作单位。这个同学原来是浙大出去的，他认为浙大很不错，并且这是个很难得的机会。

何老师知道了以后非常高兴，因为他之前也一直在考虑派学生出国学习，需要找到美国比较好的公司进行合作。因为计算机是工科，学生的培养、发展，一定要跟公司结合起来，以后才能更好地为社会服务，为社会建设发展发挥作用。

所以他知道这个消息以后，把大家调动起来了，因为这个机会太难得了。当时他的顾虑主要是学院层面需要同意把这三位同志送到美国去培养进修，如果学院行政领导不同意，压给他们科研教学任务的话，他们肯定走不了。后来因为取得了潘校长的支持，我就向当时的行政领导建议，我们党政联席会议好好讨论一下，把这个事情定下来，然后支持他们的工作。党政联席会议上，大家都一致同意，支持这三位同志到美国去培训。

经历了多年艰苦的努力和磨合，何老师终于在美国的老校友郭以连的牵线和帮助下争取到了与美国第一大共同基金服务公司——道富银行合作的机会。道富银行是全球领先的金融服务提供商，专注于把 IT（信息技术）作为其业务的推动力，在技术应用和开发上处于领先地位。道富银行总部位于美国波士顿，仅全球各个分部的 IT 从业人员就有 4000 多人。与道富银行合作不仅有利于历练高水平师资，培养国家急需的一流人才，而且有利于我国向欧美出口软件并实现高水平外包。机不可失，时不再来。他希望我们系尽快抓住这个机会，给予人力、物力和政策上的支持。

2001 年春，在校系两级组织的关心支持下，在年近八旬的何老师推荐下，杨小虎、周波、孙建伶三位年轻老师应道富邀请去波士顿总部培训、熟悉业务，一步一步绘制了"浙江大学道富技术中心"的宏大蓝图。

三位教师去了以后，美国方面对于浙大的水平到底如何，心里还没有底，就给了他们一个题目，想看看他们水平怎么样，而且这个题目正好是道富银行在软件方面遇到的难题，本身也需要解决。

他们回来以后，何老师认为这个事情一定不能失误，一定要做出成绩来，就在研究生、本科生里面组织了一些优秀的学生，开始有 20 多个，后面很快就发展到 100 多个。他们在比较短的时间内就把这个问题解决了，而且解决得非常好。道富觉得他们自己的工作人员还不一定能够做得这么好。因为何老师对这次合作非常重视，三个弟子跟道富的关系也非常好，道富到中国来和我们合作，也能感受到浙大做工作很认真，取得的成绩也很优秀，所以他们非常信任浙大，跟我们的学生、教师至今保持很好的关系。

在我印象当中，美国的一份报纸上登了一篇文章，讲到我们这批学生与道富的合作取得了很好的成绩，浙大的声誉一下子就提升了。我们系的行政领导也感觉到这个事情做得对，后来也是一直以非常积极的态度支持他们的工作，加入合作的学生规模也不断扩大。

浙江省杭州市原来没有这类出口软件业务，开展合作以后这一炮马上就打响了。所以这次合作对计算机人才培养和对社会的贡献来说影响非常之大，这类软件出口和服务外包业务也变成了计算机产业的新领域。

这一次合作很重要，对学生的发展、对事业的发展很好，而且也是两国科学合作的成功例证。这一次合作实际上对双方都有好处，既搭建了中国跟美国合作的桥梁，同时也宣传了我们浙江大学的品牌。而且这一次对外合作在国内产生了积极的影响，对于我们怎么样把中外合作做得更好，也是一个榜样。

那个时候我到计算机系已经将近 10 年了，刚开始我认为我们计算机系培养的学生是很优秀的。但是何老师跟我谈话时提到，我们培养的学生主要还是侧重课本上的内容，至于如何能够契合社会发展需要和国外发展情况，我们还不是很了解，所以就培养不出真正高水平的人才。

何老师以前带学生到欧洲去也是非常敬业的，有些学生回忆时讲到，公派出国拨下来的经费使用很严格，学生一开始不理解何老师为什么把钱管得这么严，后来发现省下来的钱是用来买仪器的，学生就慢慢体会到了良苦用心。

在物质条件比较艰苦的情况下，还能够节省下来这些经费，为学院购置设备，大家都很佩服、敬重他。

汪益民

1978 年至 1981 年就读于浙江大学数学系。1993 年 11 月至 2008 年 1 月在浙江大学计算机学院（系）工作。

口述人：杨小虎

1979 年 5 月，由党委书记、副校长刘丹带领的浙江大学代表团访问美国，波士顿是此次访问中的一站。受浙大北美校友会指派，丁成章、郭以连夫妇参与了接待工作，与 30 年前在浙大的同事何志均老师重逢，这为 20 多年后浙大与道富银行的合作埋下伏笔。

五年里写出的信石沉大海，何老师一直没有放弃

我 1984 年进入浙江大学，1987 年与何老师相识。20 世纪 90 年代初，浙大计算机学科已在国内占有一席之地。而此时，年过七旬的何老师已办理退休手续，他时常找我和李善平、孙建伶、周波等一些刚毕业的博士交流，讨论今后的发展方向。

当时，国内计算机发展跟国外有很大的差距，计算机行业表面上发展得很兴旺，但究其实质，险象环生。国内计算机发展遇到了瓶颈，在学术研究上没有产生非常先进的成果，产业化发展的国内软件企业规模都非常小。

首先，学校的科研与产业界的实际应用脱节；其次，国内的计算机产业技术水平低、企业规模小，很多公司只是在做国外企业的销售代理，一个 100 人的软件企业在当时已经算得上很大的规模。何老师认为，要让学科的科研能力更上一层楼，一定要到市场上去找项目，而当时国内企业对计算机软件的要求并不高，在国内很少见到技术要求高的项目，于是何老师就想到国外寻找出路，让浙大计

算机站到国际的竞争平台，缩小中国与世界的差距。

1995 年，何老师亲自动笔并带我编写了一份材料，内容涉及团队所从事过的科研项目及业绩，还包括团队的研发能力、合作意向和初步合作考虑等。这份材料内容大概有四五页 A4 纸，有点像现在的商业计划书。材料分成中英文两个版本，中文稿由何老师亲自执笔，英文稿由何老师翻译一部分，我翻译剩余部分。材料完成后，何老师不断地向国外投寄资料，通过在国外的朋友、学生，尤其是那些在欧美 IT 公司工作的学生寻找合作者。当时电子邮件还不普及，很多资料都通过邮局寄出。何老师利用与国外产业界接触的一切机会，把这份资料传播出去。但要在国外找到一家愿意跟浙大合作的大公司，谈何容易？遗憾的是，五年时间里，寄出去的很多信件石沉大海，很多次的接触和努力都没有结果，当时中国学生在外国公司里的职位还不够高，在公司里没有话语权，国外没有一家大公司向浙大抛出"绣球"。我和一些年轻老师开始心灰意冷，但何老师始终没有放弃，一直在努力。

2000 年的时候我们和 Jerry Cristoforo 第一次见面，共同交流了道富银行的一些情况，以及共同创建研究机构的想法。在这之前，浙大在国际上没有很大的合作，只有一些交流访问，所以与道富银行的合作是一个重大突破。当时 Jerry 提出来，首先应该去学习美国的技术和系统，所以要求几位老师先去美国访问半年时间。

开头几次例会，没有人询问我们的意见

2001 年 3 月 26 日，我和孙建伶、周波在上海浦东机场登上了前往美国的飞机。在暴风雪突袭的异国他乡，我们一眼就看到了亲自来机场接我们的 Jerry，内心非常温暖。

"我叫杨小虎，小虎就是小老虎，别看我小，你们知道吗？中国的老虎可厉害了呢！"到道富银行总部上班的第一天，Jerry 专门开了一个见面会，见面会上，杨小虎这番风趣的自我介绍，逗乐了在场的美国同事。

道富首先给我们进行了文化差异方面的系统性培训，告诉我们亚洲、美国等地文化的不同。其后 Jerry 将我们三个人分别安排在三个项目组，先熟悉环境，再参加业务讨论。与美国同行工作了几天，我们三个人对银行业务操作程序渐渐有了一些了解。每天回到住处，我们都会把白天工作时看到的和想到的记录下来，然后一起分析讨论，再确定下一步观察、学习的内容。公司经常要召集项目组开例会，讨论和解决工作中遇到的难题，Jerry 也让我们参加这样的讨论。开头的几次例会，没有人询问我们的意见，对于能否在讨论会上畅所欲言，我们也有些迟疑。Jerry 了解到这个情况以后，便鼓励我们在会上发表自己的看法。此后，每次参加项目组的例会，我们都积极发表自己的看法，但刚开始美国同行并不重视我们的意见。

一次例会上，周波所在的工作小组为一个电脑软件引擎排除故障，大家花了很多时间也没有找到解决办法。周波以前做过此类项目，知道问题的症结所在，便提出一种排除故障的办法。美国同事尝试各自的方法后仍不能解决问题，他们就用周波提出的解决方法试了试，结果成功地排除了故障。美国同事自此不敢再轻视三位中国新同事了。在项目组的例会上，他们常常主动询问我们的看法，并且经常采用我们提出的方法。我们慢慢赢得了美国同事的信任与尊重，开始介入一些核心技术的讨论。

虽然不是道富的正式职员，但每个工作日我们三个都按时上班，从不迟到早退。我们浙大人凭借自己严谨踏实的工作作风与熟练的 IT 业务能力，打消了一些道富高管的怀疑和顾虑。看到这样的成效，Jerry 也非常开心，我们回国之前，他还特意在家设宴欢送我们。我们与 Jerry 约定不久后杭州见。

圆梦——"浙江大学道富技术中心"成立

2001 年 10 月，也就是我们离开道富回到杭州的次月，Jerry 陪同道富银行全权代表、亚太区总裁 Bob Williams 来到杭州，就合作建立技术中心事宜与浙大进行最后的协商。会谈非常顺利，双方很快确定了全部的合作条款。

2001 年 11 月 1 日，Bob Williams 先生和 Jerry 一起来到浙大，与潘云鹤校长签署了合作协议，成立了"浙江大学道富技术中心"。潘云鹤校长一直非常关心技术中心的发展，并担任技术中心理事会的中方理事，在任期间每年都出席技术中心的年度理事会，对技术中心的发展提出战略意见。双方合作研究开发全球化金融软件及技术，由浙大计算机学院组织技术人员为道富银行提供软件方面的技术支持。

合作协议签订之后，浙大马上开始组建技术团队，何老师是技术总指导，我和孙建伶、周波是技术团队的核心，从计算机学院的硕士生、博士生和本科四年级学生中精心挑选的 15 名学生就是最初的技术人员。

技术中心成立之初没有创业资金，也没有办公场所，何老师就用借来的 10 万元作为启动资金，添置了一些机器设备，还把自己的办公室腾出来，作为技术中心的办公场所。

Lattice 系统是道富银行 20 世纪 80 年代中期研制开发的一套证券交易执行系统，采用的仍然是当时的软件平台和技术。到 21 世纪初，陈旧的软件系统承受不了大幅增长的业务量，从一年"罢工"一次，逐渐发展到每天都要死机三四次，几乎处于瘫痪状态，道富银行对此束手无策。由于原来开发此系统的人员已先后离开了公司，相关资料也已不全，道富银行曾经聘请多家美国公司和印度公司来修复这套系统，但给出的方案一方面成本非常高，另一方面周期长。

抱着"死马当活马医"的心态，道富就让浙大来做这件事情。而对于我们来

浙江大学道富技术中心早期成员合影

讲，当时接受这项艰巨的任务，也是非常勇敢的。当时我们毫不犹豫地答应下来，一是因为没有退路，只有把第一个任务做好才能打开合作的局面；二是因为初生牛犊不怕虎，我们团队有一种天不怕地不怕的锐气。同时我们的老师和学生也非常优秀，发挥了很大的作用，当时团队里只有十几个学生，都是每个年级里成绩最好的学生，攻克了很多技术难题。

　　当时最大的难点就是要读懂这个系统，那个时候互联网还没有现在这么发达，我们在国内接触到的技术和系统与国外没有同步，20世纪80年代的软件产品使用的代码与90年代的代码有明显的不同，而我们团队中读代码的九名学生都是90年代读的大学，学的是新的编程语言，没有接触过80年代的老式代码。好在Jerry非常支持，他利用道富的资源，让IBM、微软等给我们提供最先进的设备和最先进的技术系统。在 Jerry 的努力下，IBM 给我们提供了一台服务器，就放在了曹楼。服务器运过来之后，技术水平就提高到跟国际同步了。

项目组花了整整三个月的时间，读完 720 万行代码，弄清楚程序的思路，终于发现问题。我们把整个系统搬到新的计算机平台上，寻找其内在的逻辑，了解系统架构与功能，再一步一步进行调试，对系统的原始缺陷进行改进。这项工作也非常艰难，当时只有少数几名学生参加了调试工作。

在 Lattice 软件系统的修复过程中，浙大道富技术中心与美国道富银行技术开发部门密切配合，共同寻找解决方案。杭州与波士顿有 12 个小时的时差，我们白天工作，到了晚上就把读写出来的代码资料发往波士顿，银行的技术人员一上班就立即进行研究，而我们的人也依旧在办公室里工作，通过电话与银行的技术人员进行交流、探讨。通过不间断的工作，我们仅用五个月的时间，就完成了 Lattice 系统的重建。

2002 年 9 月，我再次来到波士顿，道富银行总部的股票交易业务负责人说："系统重建之后，交易量是原来的四倍。这个系统就像一朵花，原来已经枯萎了，现在你们把它救活，又重新开放了。"2003 年 8 月，美国 *CIO* 杂志专题报道了道富银行与浙大的合作，标题就是 "An IT Flower Blooms in China"（一朵 IT 之花在中国绽放）。这项工作成果在道富银行内一炮打响，赢得了他们对浙江大学计算机软件研发能力的信任，也打开了广阔的合作空间。

让人才像石油一样喷涌

2001 年底，浙大计算机学院和道富银行的合作开始时，道富银行总部要求我们提交一个五年发展规划。我根据经验提出了第一个五年计划，从 2001 年的十几个人发展到 2005 年的 50 人左右，当时的计算机系很少有几十个人的大团队，而 Jerry 的目标是在杭州建立 100 人左右的团队。2002 年中，我们出色地完成了第一个项目，在道富银行总部产生了很大的影响，公司也因此将不少项目交由我们团队负责，人员一下子就增加了 30 多人。2002—2003 年期间，当我们有 50 人、100 人时，我们觉得规模已经很大了，但何老师很明确地对我们讲，要建立更远大的目标——在杭州建立 1000 人的团队，把优秀的学生留下来。他说浙大计算机学院、软件学院每年有上千名毕业生，这些人才就像一片丰富的油田，现在我们有 100 人了，但只是开采了油田中很小一块，还有很大的空间可以开发，他希望有一天这些人才能像石油一样喷涌而出。

当时，杭州最大的软件公司也就一两百号人，国内最大的软件企业也才一两千人，Jerry 感到压力很大。何老师认为这是可能的，他多次给 Jerry 写长长的电子邮件，说服他支持这个远大的计划。部分邮件由我翻译成英文，我还记得何老师在邮件中说，道富每年花在 IT 系统上的开支有 20 多亿美元，这说明道富有巨大的需求，这也是我们所面对的巨大市场，而浙江大学计算机学院每年有数百位优秀学生入学，在校学生有几千人，这些学生都是精英，他们如果有合适的机会，一定能发挥巨大的作用，而且他们的研发能力一定能在国际上赢得一流的地位。何老师始终觉得，浙江大学计算机学院的师生在杭州创办一个千人规模的国际一流软件企业，应该是我们大家的共同目标。而今，在浙大与道富产学研合作基础之上孕育产生的道富杭州和网新恒天两家企业的人员规模合计已超 5000 人，成为国内外有一定影响力的企业。

把培养学生放在第一位

何老师对学生的关爱和扶持一直为人称道，大家有目共睹，在浙大道富技术中心的发展过程中，我深有体会。对于年轻人，何老师一直是充分信任、充分授权。技术中心的发展非常迅速，人员规模逐年上升，这完全得益于我们对年轻学生的充分信任和大胆使用。所有的项目组组长、项目经理都是在读研究生，他们虽然年轻、缺乏经验，但他们聪明、热情，很快就成长为优秀的全球化软件技术和管理人才，这些学生毕业后，大部分留在了道富杭州和网新恒天，成为企业的骨干，支撑着企业的发展和壮大。

除了给年轻人充分的发展空间，何老师还十分关心他们的经济收入和生活。与道富合作之初，何老师就强调一定要让参与项目的同学有理想的回报。他说，年轻人的经济基础薄弱，却是最需要钱的时候，要谈恋爱、结婚、买房子，所以在利益分配上一定要优先考虑他们。

浙大道富技术中心成立之初，经费有限，几位老师讨论后决定将科研经费中的劳务费都发给学生。公司成立之后，学生的报酬也是按公司正式员工的标准发放。技术中心在学校里声誉鹊起，请求加入的学生接踵而至。在我看来，学生所看重的不仅仅是薪酬，而是对他们价值的尊重。

2004年，潘云鹤校长在道富银行总部参加技术中心理事会时，遇到我们从浙大派去访问的研究生，明确指出这是一个十分正确的方向。派研究生去道富银行总部工作3~6个月，可以培养他们高层次的国际交流能力和工作能力。后来我们扩大研究生派遣规模，每年派几十位优秀研究生去美国交流，这些人回来后都成长为技术中心的骨干。

杨小虎

1984年9月至1994年3月就读于浙江大学计算机系计算机应用专业。1994年3月至今在浙江大学计算机学院（系）任教。

口述人：Jerry Cristoforo

1979 年，我第一次和何志均教授见面。当时我 28 岁，担任公司的首席技术执行官。郭以连女士和丁成章教授是何教授的好友，他们有一个共同的愿望：不仅要促进浙大与美国高校之间的合作，还要推进浙大与美国企业的合作。

1986 年，在他们三位的安排下，我第一次到访中国，参观了复旦大学、西安交通大学、北京师范大学后抵达杭州。从那时起，我们开始认真地讨论合作的可能性。2000 年我到访浙江大学并有幸和杨小虎教授会面，在会议上我们讨论了作为全球金融服务公司的道富银行该如何和中国顶尖高校浙江大学合作。

2000 年 9 月，美国道富银行高级副总裁 Jerry Cristoforo 来浙大交流

浙大可以提升道富的核心技术

我虽然从未确信合作真的能落地，但中心真的成立了，这对于双方而言都意味着成功的开始。道富最终决定在中国成立实验室（即技术中心）。技术中心在2001年11月1日正式成立，正好是"9•11"事件发生后的两个月。最初我们还不确定合作该如何开展，因此技术中心的定位仅是学术研究，还没有移交核心的工作。但我们后来改变了想法，我和董事会沟通了浙大可以如何提升道富目前的核心技术，他们同意了，随后我们把八个项目移交给了浙大。之后道富和浙大正式签署了合作备忘录，何志均教授、潘云鹤校长、陈纯教授和杨小虎、周波、孙建伶老师共同见证了技术中心的成立。

可以打造5000人的团队吗？

何教授不断向我们提出新的挑战。最初我们组建了15人的团队，何教授立即提出："团队可以成长为50人吗？"于是我们开始思考如何扩展业务，认为50人应该是可以实现的。当时我是道富的首席技术执行官，因此可以推动很多技术研发工作从而扩展技术中心业务。

我们启动了一批新项目，成功将团队人数提升到了50人。何教授又跟我们说："好的，团队可以扩大到500人吗？"于是我们又继续努力，积极把团队研发的技术成果发表成论文，从而取得波士顿总部的工程师的信任，逐渐成长为一个500人的团队。

接着何教授又提出了更大的目标："可以把团队扩大到5000人吗？"听到这句话，杨小虎老师和我对视了一眼，心里惊呼："天呐！"但我们仍然继续奋斗，让团队不断壮大。

在技术中心的初期阶段，我们遇到的第一个问题就是如何雇用已经毕业的学生。何教授建议我们成立公司，这样就可以把心仪的学生招进公司。于是我们成立了恒宇公司，由杨小虎教授管理。

如今，在恒天和浙大网新合作的背后已经是一个 6000 人的大团队。从最开始非常简单的想法和 15 个人的团队，逐渐扩大并发展到今天的团队规模，我们的合作非常成功，也实现了最初的理想。现在，我们的合作故事仍在继续。

犹如一次心脏修复手术

在浙大道富技术中心建立初期，波士顿总部的工程师们对浙大团队抱有疑问：他们可以在波士顿以外的地方完成开发吗？答案是肯定的。浙大的研发人员开发了一个高级系统，以实现内存数据库的实时消息传递。起初波士顿总部认为浙大团队不可能建成这个系统，但是浙大团队优秀的成员们所研发的系统获得了 Gartner 咨询公司的肯定，*CIO* 杂志还发表了一篇英文专题报道《一朵 IT 之花在中国绽放》。这次成功的合作使得越来越多的工作被移交到技术中心，时至今日我们仍在合作开发很多高级系统。

我认为浙大道富技术中心较好地满足了潘校长的要求，即不是一个单纯劳力输出的 "血汗工厂"。以 "996" 的工作模式进行纯编程开发无论是对教授、学生还是学校而言都没有创造价值。团队成员致力于把成果转化为论文，既满足研究生学位要求，又帮助道富提升声誉。当时，道富被业界称为 "拥有银行从业许可的技术公司"，可见技术中心成功塑造了道富的学术影响力。随后，技术中心又迎来了一个巨大的发展转折点。

当时道富需要修复一个交易系统。在把这个任务交给浙大道富技术中心之前，道富因为潜在机会成本已经损失了上百万美元。最后浙大团队成功地修复了系统，给道富带来了约 5000 万美元的收入。负责这个交易系统的主管从此高度信任杨小虎教授和技术中心团队。

波士顿总部原本认为浙大道富技术中心团队不可能完成这个任务，因为总部的技术团队也无法修复系统。但我对浙大的团队充满信心，因为我了解他们的过去，深知他们的才华和背景，我知道他们一定能轻松解决这个难题。当时美国有多个团队在尝试重新编写系统，IBM 提出的报价是 400 万到 500 万美元，微软报价 200 万到 300 万美元，然而浙大仅用约 7 万美元的成本就出色地完成了任务。他们仅用了九个月就完成了修复，就像为系统执行了一场"心脏手术"。执刀的医生们都拥有高超的修复技术，知道怎样才能使手术成功。显然对于这样一个才华横溢、经验丰富的团队而言，没有任何难关是不能跨越的。

（以下为口述原文）

The first time I met Prof. He Zhijun was in 1979. I was twenty-eight years old and worked as Chief Technology Officer for State Street. Prof. He and his friends, Madame Guo Yilian and Prof. Ding Chengzhang, shared a dream of pursuing cooperation not only between Zhejiang University and US universities, but also cooperation between Zhejiang University and US corporations. So the idea was seated in my mind at that time, "How could we make that happen?"

Thanks to Prof. He, Madame Guo and Prof. Ding, I visited China for the first time in 1986. After visiting Fudan University, Xi'an Jiaotong University and Beijing Normal University, I came to Zhejiang University in Hangzhou. From then on, we began to seriously discuss the possibility of cooperation. I paid a visit to Zhejiang University in 2000 and met Prof. Yang Xiaohu. We discussed a framework for how we could establish cooperation between State Street and Zhejiang University.

"I never thought it could happen, but it did."

State Street decided to move forward with setting up a lab in China. I never thought it could happen, but it did. It was a great cooperation for everybody on both sides. The lab was officially launched on November 1st, 2001. It was two months after the September 11 attacks, so we weren't sure how things were going. Initially, our plan was just to do research. There wasn't any critical stuff to hand over to the university. Then we changed our mind.

I talked to the Board of Directors about some of our key technologies and how Zhejiang University could improve on them. They approved and we took eight projects over to Zhejiang University. Then we signed a memorandum of understanding between State Street and Zhejiang University. It was the official opening of the technology center, witnessed by Prof. He, President Pan Yunhe, Prof. Chen Chun and three teachers, Yang Xiaohu, Zhou Bo and Sun Jianling.

"Can we get to 5,000?"

Prof. He kept putting out challenges for us. We started with 15 students and Prof. He immediately set a goal, "Can we get to 50?" So, we started thinking, "Okay, we should be able to do that." At that time, I was the Chief Technology Officer for State Street, so there were a lot of things we could do to improve our technologies and expand the technology center.

We found another set of projects and we got to 50. Then Prof. He said, "Can we get to 500?" We worked harder and produced papers on the technical results we were working on, which brought up the level of credibility in Boston, and then we got to 500.

Then Prof. He said, "Can we get to 5,000?" Xiaohu and I would look at each other and say, "Oh my god!" Later on, we tried again and kept growing.

After the technology center was established, the first problem we met was how to hire the students when they graduated. Prof. He proposed that we set up a company so that we could hire whoever we wanted. Originally, the first company was called Hengyu and was run by Prof. Yang.

Today, with the cooperation of Hengtian and Zheda Wangxin, there are about 6,000 people on the team. We started with an idea—starting with 15 students—and then we kept growing to where it is today, and it continues to grow. So it has been a great story of cooperation and fulfilling a dream.

Like heart surgery

In the earlier days, there were doubts from the engineers in Boston, "Could they do development some place other than Boston?" It was a very advanced system, which used real-time messaging in memory databases. People in Boston didn't think it could be done, but Zhejiang University surprised everybody. They had an outstanding team and eventually it was written up by Gartner. There was an article in the *CIO* magazine, "A blossom blooms in China". It was a great success and you might call it a test from Boston. After that, they kept handing over more and more work to us, and we have been working together to develop more and more advanced systems till today.

I think we have produced over part of the requirement of President Pan that we should not turn the technology center into a "sweat shop" where people just work hard. Since coding "996" doesn't create any value for professors, students or the university, it is very important for us to write papers. An important job we did there was writing research papers that would help students get their degrees and would also bring up the reputation of State Street. As you know, we used to call State Street a technology company with a banking license. So it was a huge success and a major turning point at that time.

There was a trading system that State Street wanted to fix. Before they brought the system to our technology center, State Street had already lost one million dollars in lost opportunities. After we fixed the system, the revenue being generated was about 50 million dollars. It became a huge success. Nick Born was in charge of the portfolio trading system and he became a strong believer in Prof. Yang Xiaohu and in the team of Zhejiang University.

Obviously, when you have highly talented, highly trained people, nothing is impossible. The fixing work was hard for Boston people at that time. There were a couple of internal groups that were trying to rewrite it. They all failed, and nobody believed it could be done in any other part of the world. But I had all the confidence, because I knew the history, I knew the talent, and I knew their backgrounds. I knew it would be pretty easy for them to solve these problems. At that time, IBM had to put in a bid of 4 or 5 million dollars to fix the system; and Microsoft had 2 or 3 million dollars to do it. However, it was about 70,000 dollars in cost for the group of Zhejiang University to fix the system. It was done in less than nine months so it was kind of heart surgery, which was operated by a group of surgeons knowing how to fix it and make it work well.

Jerry Cristoforo

　　美国道富银行前全球执行副总裁及首席技术官，曾任浙江大学道富技术中心董事长兼总经理。2000年，在中国开创了与浙江大学的合作伙伴关系。

口述人：周波

核心业务落户杭州

20 世纪 90 年代中后期，经过十几年的发展，浙大的计算机学科学术研究达到了较高的水平，然而当时国内整体经济发展水平较低，对计算机技术的实际需求还不高。较多的科研项目停留在追赶国外发展的阶段，由于缺乏必要的产业引导，很多成果只能停留在高校和研究机构内部，缺乏进一步发展的土壤。面对这一状况，虽然何志均先生已经退休，但他坚定地认为我们在做好国内工作的同时，应该更加积极地走向国际化，不仅要和国外高校合作，更应该和国外优势产业机构合作，缩短我国与世界先进技术的差距，真正实现我国计算机技术的跨越式发展。

经过近五年的不懈沟通和努力，终于在 2000 年，我们通过校友郭以连女士的牵线，邀请美国道富银行的高级副总裁 Jerry Cristoforo 先生访问浙大做技术交流，浙大的计算机学科水平给 Jerry 留下了很深的印象。2001 年 10 月 31 日，道富银行和浙江大学正式签订协议，共建浙江大学道富技术中心，协助道富银行进行先进技术研究和产业应用的前瞻性探索。最初的团队由何志均先生担任总指导，杨小虎、孙建伶和我三位年轻教师带队，由最初 15 位硕博研究生和四年级本科生组成。

为了让技术中心的学生们在毕业后依然能利用他们的业务知识、技术能力为道富银行做出更大贡献，道富银行与浙大网新在浙大道富技术中心的基础上，于2003年6月成立浙江网新恒宇软件有限公司，为道富提供核心业务系统的研发服务。恒宇于2005年底被道富收购，成为道富的全资子公司，也是道富首个在美国之外的独立开发中心。同时，浙大网新与道富银行又合资成立了网新恒天软件有限公司，为道富等全球客户提供软件技术服务。很荣幸也很感激，双方股东及团队决定，由我担任恒天软件的首席执行官。

2006年以后，浙大道富技术中心开启了发展新阶段。我们继续支持道富杭州全资子公司的快速成长，数年后恒宇软件成为在杭州拥有超过1000人的金融外企研发中心，并且获得了道富最高层对中国特别是杭州市场环境的认可。其在2008年建立的核心业务的离岸业务处理中心，成为道富全球战略的重要组成部分。恒天软件作为一家合资企业，积极开拓国内外业务，基于扎实的计算机和业务知识积累，以及严谨踏实诚恳的服务态度，赢得了若干高质量合作伙伴。当然我们也曾面临艰难挑战。我记得在2007年，恒天软件依旧弱小的时候，一位重要国外客户在合作过程中提出了许多不合理的要求，我们付出了巨大努力，依旧无法获得对方的合理尊重。在面临是要业务还是保护团队的艰难困境时我选择了后者，也正是这样的选择，让我们一直坚持自己的理念和文化，为我们的后续发展打下了坚实的基础。

技术主导的价值取向

2010年，浙大道富技术中心在经过九年的努力后已经发展到一个比较稳定的状况，恒天软件也达到了近千人规模，在产业化方面取得了不错的成绩。但团队自我反思：浙大道富技术中心作为浙大的实验室，虽然在技术能力上得到了认可，但我们的学术研究水平与世界一流水平依然有很大的差距，我们不仅要做一流的产业，更要有一流的学术研究。那时，提升研究水平比较"常规"的途径是"读论文、做实验、发论文"，我称之为追赶模式。我们实验室具备很好的产业合作基础，深入了解产业对技术的需要，也具备将研究成果与产业紧密结合并加速发展的经验和基础。而且计算机学科有一个非常明显的特征：产业需要才是学科发展的直接推动力。因此，经过反复思考，虽然追赶模式比较稳妥，成果容易预见，但求是、求真的理念支持我们最终决定选择一条风险比较高的科研之路：在继续做好产业化工作的同时，深入挖掘产业应用中的技术障碍和研究问题，只要存在研究价值，就不计难度和风险；同时构建开放、宽松的环境，支持实验室里更年轻的教师和博士生自主选择感兴趣的研究课题，去做一些更创新——换句话说——也许会失败的事情。这种决策在当时还是有一些风险的，但我们的决心从未改变：只要所做的事情是有价值有意义的，不成功也无妨，利益并不是我们的出发点。我们将实验室取名为"超大规模信息系统实验室"，体现了当时实验室的总体规划。

我们想做一些有价值的事。实验室课题组的几位老师都比较淡泊名利。产业合作的稳健持续发展，给我们带来了持续的研究经费，为我们选择学术方向奠定了物质基础，我们无须在意成败，大步往前走就是了。如果能够成功的话，就可以给更年轻的一代带来更广阔的可能。我们的理念传承自何先生，他一向的理念是"培养年轻人"，我们开始与道富合作的时候，大部分人只有 30 多岁，2010 年是我们决定方向的时候，我们选择给 30 多岁的年轻人更多的机会，在方向选择上，更坚定了技术主导的方向。2014 年开始的互联网热潮需要大量资金、有节奏感的商业运营，而我们团队的特点是有很强的技术探索能力。

值得欣慰的是，此后的几年，实验室与恒天软件团队共同走出了两条持续创新发展之路：一条是在产业发展方向，将来自产业实际需要的关键技术问题作为探索方向，在系统研发方面取得了开创性成果，并进一步利用风险创投资金，走出了以技术能力为核心、深入结合业务场景的创新创业发展之路；另一条是在软件工程学术研究方向，将研究对象直接对准真实的软件开发场景，凭借我们产业化所具备的软件团队规模，可以收集大量真实的原始数据，也可以提出源自产业需要的研究性问题，我们因此在软件工程研究方面获得了国内外学术界的高度认可。我们有一个非常特殊的优势：我们本身就是软件公司，有1000多个程序员可以成为研究对象，将软件工程的学术研究与真实软件开发场景结合起来，可以提出创新研究问题，取得创新学术成果。

成章乃达，若金之在熔

时至今日，浙大道富技术中心已经走过了20多年的历程，取得了令人欣慰的发展。恒天软件继续稳健成长，已经成为规模超过2500人的软件公司，在金融科技、电力交易市场、企业数字化等专业领域逐步开发技术和业务产品，并形成了内部创新孵化机制。浙大道富技术中心结合资本市场对创新创业的支持，以技术中心团队为核心成员，坚持以技术创新为方向的新企业平台，也取得了明显的成果，已经培育出两家独角兽企业和一家准独角兽企业。其中，邦盛科技自主研发了时序大数据实时智能处理平台"流立方"，其核心性能指标超国外同类产品近百倍，邦盛科技成为智能实时风控独角兽企业，正在择机上市；趣链科技是国内区块链领域的首家独角兽企业，拥有完全从底层自主研发的联盟链技术，在单链峰值速度、节点规模、存储容量、安全性等方面达到世界最先进水平；而准独角兽企业谐云科技是国内最早从事开源云计算研究的团队，为Kubernetes社区贡献了1400多万行代码，核心代码的贡献达到了国内第一、全球第四。除了这些，我们还有许多不那么成功或者已经失败的探索。而所有的这一切，都来自一个共同的理念：我们相信技术的价值，更相信技术和产业结合的价值。面对困难，更要坚定信念，努力突破，不断前行。

在学术研究方面，实验室在软件工程领域取得多项重大研究成果，在国际著名期刊和会议上发表论文 200 余篇，其中包括软件工程国际顶级期刊和会议论文 70 余篇，并多次荣获顶级国际会议杰出论文奖项。我们培养的夏鑫博士获得了 2022 年的 "ACM SIGSOFT Early Career Researcher Award"，成为亚太地区第一位获得该奖项的学者。该奖项每年从全球软件工程方向的青年学者中评选出一位杰出研究者，每年都有大批优秀青年学者申请，竞争难度非常大（往年获奖者基本都在美国）。

浙大道富技术中心起源于产学研合作，我们也持续推进和著名企业的合作。2020 年 7 月，浙江大学—浦发银行分布式金融技术联合创新中心成立，主要在分布式银行系统架构、金融分布式计算系统架构、区块链、容器云等方向开展攻关；2022 年 6 月，我们与华为合作成立浙江大学—华为智能化软件工程实验室，以智能化软件工程为中心，在智能化软件开发、软件质量保障、开源智能装备等方面进行创新探索。我们还推动了浙江大学区块链研究中心的成立，致力于打造区块链领域的高水平产学研基地。

大不自多，海纳江河；求是创新，与时俱进。无论是浙大实验室，还是恒天、邦盛、趣链、谐云等浙大系企业，始终践行着浙大人的求是精神。在创新前行的道路上，所有浙大人前赴后继、开拓进取，跟随改革开放的步伐，筑梦新时代。

周波

1987 年 9 月至 1996 年 6 月先后就读于浙江大学计算机系计算机软件专业和计算机应用专业。1996 年 6 月至今在浙江大学计算机学院（系）任教。

口述人：陈根才

学生国际化双向交流，老师也是

在本科教学管理中，学院一直很注重推进国际化教育，这也是在八年中我们花了较多时间的一块工作。国际化教育主要包括以下几个方面。第一是推动外文教材的选用，鼓励各个专业尽可能地选用国外一流大学的教材。比如计算机专业13门主干课程全部采用国外的英文教材，从整个学院来看，采用英文教材的课程比例超过80%。第二是推动双语教学。我们要求老师上课的时候用英文课件，讲课时中英文结合，计算机专业13门主干课程中有超过90%的课程是使用双语教学的，这个比例在全国来看也是名列前茅的。此外，还鼓励全英文教学。第三是加强国际交流。当时我们跟很多国外的高校都有交流的协议，2007—2008年每年有超过100名本科生出国交流，比例大概有20%~25%。这里面大部分是短期交流，只持续几个月，也有部分长期交流，持续几年的。除了学生的交流以外，我们每年都会请国外的一些专家来给学生上课。2005—2008年，共有30多门课是请外籍专家来上的，这个比例也是比较高的。

国际交流的长期项目中最典型的一个就是中加班。中加班这个项目是2005年正式启动的。2004年我们就派了五名学生去加拿大交流，差不多半年时间。从2005年开始，双学位的中加班项目启动，交流对象是加拿大温哥华的西蒙菲莎大学（SFU）。这所大学是一所综合性大学，可能在国际上名气不是很大，但实际上办学质量还是挺好的。这个合作契机要从 2003 年下半年开始讲起。当时他们的校长带了一批人，包括计算机系的领导，来浙大访问。浙大召集各个学院的相关负责人去和他们一起开座谈会。那时候是我去开会的，正好我当时在想要怎么进行国际合作。21 世纪初，整个国际形势对中国比较友好，我们要搞改革开放，国外基本上对我们还是敞开大门的。我们的培养方案里也讲了要推进国际化，要向世界一流迈进，所以跟国外的大学进行各种形式的合作就成了我们一个很重要的选项。因此，聊起合作，我们一拍即合。

刚开始我们对这个学校不是很了解，因为它确实在国际上名气不大。所以 2004 年初，刚过完年，他们开学后，浙大外事处老师就带领我和何钦铭老师等人去访问 SFU，进一步谈合作的事情。我们还去中国大使馆驻温哥华的领事馆了解情况。根据他们提供的资料，在 2004 年之前的 11 年中，SFU 在加拿大的大学评估当中都是排名第一的。在当时的情况下，我们觉得 SFU 如果跟我们浙大合作的话还是比较"门当户对"的，双方能够以平等的身份进行深入的交流合作。

2004 年，我们就开始讨论中加班项目的具体落实，这个过程很辛苦，因为没有先例可以参照。但双方积极性很高，经过来来回回很多次讨论，制定了非常详细的培养方案，也就是前两年在浙大学习，后两年在 SFU 学习，最后可以同时获得两个学位。2005 年两校正式签订合作协议，2005 年秋天开始招生。项目刚启动的时候，我们在新生进校以后马上进行全校范围的选拔，一般每年选 20~30个人，那时候中加班还是很受欢迎的。加方是提前一年选拔，选拔出来后在那边先学半年汉语，第二年四五月份提前到浙大来，在这边再学几个月的汉语。经过一年的汉语学习，在九月份跟我们的新生一起入学，学习两年。对于这期间的专业课程，我们都尽量安排英语教学或双语教学。后两年到加拿大 SFU，当然就是全英文教学，同时在那边完成毕业论文。也就是说，双方的学生要共同学习、生活四年，这使得学生对中加双方文化的了解、对于语言的掌握，比一般的交流项目都更加深入。因此，中加班在培养学生综合素质和国际竞争力方面具有一定优势，之后这些学生的毕业去向都能证明这一点。

根据项晓岚老师提供的资料，到2021年底，中加班已经有401名学生，其中中方302名，加方99名。已经毕业拿到学位的有315名。其中超过一半的学生继续在高校深造，并且大部分都是在哈佛、斯坦福、MIT以及欧洲的一些名校，当然也有回到国内，在北大、清华、浙大继续深造的；另外将近一半的学生选择直接就业，就业去向都非常好，比如微软、谷歌、亚马逊等IT公司。那个时候我们国内一般的学生本科毕业以后要到这些地方就业是很不容易的，机会很少。

中加班项目还有一个非常重要的特点：我们不仅有学生的双向交流，而且有教师的双向合作。根据我们的协议，每年加方都要派1~2名教师来浙大，给中加班以及其他学生开两门课；同时，浙大每年派1~2名教师到SFU去开课，同时进行科研合作和学术交流。所以对于学校而言，这个项目加深了双方的进一步合作，并促进了青年教师的成长。

后来，双方在本科双学位"2+2"的基础上又做了进一步扩展。两校于2010年签订新的合作协议，实现了硕士和博士双学位的项目合作。其中，硕士双学位项目的实施以软件学院为主。相当数量的学生通过这个项目拿到了硕士双学位，参加博士双学位项目的人数不多。我自己名下就有一个博士生，他在2010年参加了博士双学位的项目，于2014年毕业，拿到了两个学校的博士学位。毕业以后，他在加拿大东部的一所高校里争取到了教职，目前已经是副教授了，据说近年内就可能晋升教授。还有一个2007届的本科双学位项目的学生，在完成本科双学位之后又参加了硕士和博士的双学位项目，完成学业之后回到国内，在清华大学读了博士后，不久前还拿到了国家的优青项目，这也是非常优秀的了。

中加班学生在加拿大西蒙菲莎大学参加毕业典礼（2017）

陈根才

　　1970 年至 1973 年就读于杭州大学物理系物理专业。1973 年至 1984 年在杭州大学物理系任教，1984 年至 2013 年先后在杭州大学计算机学院（系）及浙江大学计算机学院（系）任教。

七、饮水思源，
岁月深处的点滴记忆

奔腾的江河，始发于涓涓细流。追溯浙江大学计算机学科的发展之"源"，何志均先生的开创性贡献让人永远铭记：他原本是浙江大学电机系的一位教师，先创办了无线电系，而后创办了计算机科学与工程学系，紧接着又提出了"人工智能"专业方向。

浙大计算机学科在发展的早期阶段，相关研究已经起步并达到相当活跃的水平。与何志均先生共事多年的顾伟康老师深情回顾了浙大计算机学科从无线电系发端的历史，特别是浙江省也是浙大第一台电子管计算机的研发历程。叶澄清、张德馨、陶欣、关长青等几位老师生动讲述了计算机学科发展早期求知求学、艰苦攻关的动人故事。

"人工智能"专业方向的第二届硕士研究生童学军老师回忆了当年跟随何志均先生去意大利参加人工智能顶级会议的经历。1987年，杨涛、童学军投稿的论文被国际人工智能联合会议（IJCAI）录用。作为全场最年轻的参会者，他们代表着浙大人工智能学者建立国际影响力的开端。陈纯是计算机系的第一位博士研究生，早年的科研训练让他受到科研紧密联系国家重大需求的熏陶："提升我国丝绸及其他纺织品在国际市场上的竞争力"和"以信息化带动工业化"的认识，推动他始终行走在创新的前沿。

　　浙江大学计算机科学与技术学院针对纺织行业的 CAD/CAM
系统持续进行了 20 多年高水平的科学研究。从 20 世纪 80 年代
初的设计创新，90 年代初的工艺创新，到 21 世纪初的装备创
新——相关技术达到先进国际水平。

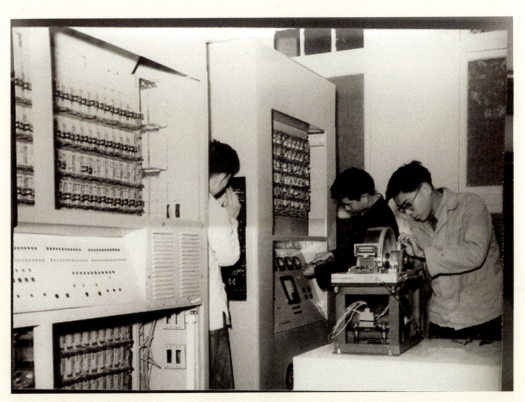

浙江大学试制 ZD-1 计算机（左起为叶澄清、陶欣、朱吾龙，工作台上是周荣鑫校长带回来
的苏制磁鼓）（1965）

口述人：顾伟康

六十年代初就有了不起的科研

何志均老师是我的老同事。1960 年，教育部正式下文批准成立浙江大学无线电电子工程学系，下设四个专业。学校任命何志均为无线电系系主任。何志均等前辈为浙大创建无线电系立下了汗马功劳。何志均非常重视教学，也非常重视科研。他把参加科研看成培育青年教师的重要环节。何志均对新参加工作的年轻人提出，必须尽快过三关，即助教关、讲课关、科研关。过好科研关，指每个青年教师都要参加科研。

无线电技术专业当时最有影响的科研课题是由何志均牵头的，属校级课题。他组织十几位老师，花了三年多时间研制了 ZD-1 数字电子计算机。现在看来，这台电子管计算机指标并不高，但在 20 世纪 60 年代初已经很了不起了。当时国家第一台电子计算机是 1960 年中国科学院计算所研制成功的仿苏"BESM"大型电子管计算机。该机有 3000 多个电子管，机器占了楼里一整层，冷却机房又占了一整层。这是国家级的大型科研工程。

ZD-1 是参考苏联 M3 计算机的性能指标，浙大自己设计的，定位为中小型电子管计算机。1966 年 5 月，浙大的计算机 ZD-1 研制成功了。当时这是浙大乃至浙江省的一件大事。全校组织三级（校级、系级、专业级）干部、教师代表和学生代表，分批到三分部无线电技术专业的机房参观，参观者中还有不少外校的代表。《浙江日报》头版整版报道了这条消息。当时这台机器有比人还高一头的两个机柜，占了整整一个机房。机器有 300 多个电子管，1000 多个半导体二极管，100 多个插件。参观者几乎都从未看到过电子管计算机，所以都感到非常震撼。据最新消息，国家档案馆正在收集有关 ZD-1 的资料，将其作为我国计算机教育史的重要参考内容。有幸，我毕业不久也参加过 ZD-1 的科研工作。

"文革"中期，何志均老师敏锐地意识到，计算机人才是国家极度稀缺的人才资源，计算机学科必将迎来大发展的机遇。在上级领导的支持下，他毅然在无线电系成立计算机专业。硬件教师从无线电专业抽调，软件教师从数学系应用数学专业抽调，并从上交大、西交大、西工大等高校的计算机系招聘了好几位青年教师。这样，计算机专业很快就建立起来了，1972 年招收了第一批工农兵学生。

1978 年，经教育部批准，浙江大学计算机系正式成立。于是何志均离开了无线电系，被任命为浙江大学计算机系系主任。何志均开始了建设计算机系的新征程。何志均根据实际情况，把浙大计算机系的发展重点定在"人工智能"和"图形学与计算机辅助设计"。他作为系主任和学科带头人，克服重重困难，努力拼搏在新岗位上。在何志均的领导下，浙大计算机系（后为计算机学院）在教学、科研、人才建设以及学科建设上全面奋进，取得了卓越的成绩。何志均为国家的高等教育事业又立下了新功！

一生中能成功创建两个大系，在浙大唯有何志均一人，全国高教界也很难有出其右者！

顾伟康

1958 年 8 月至 1963 年 8 月就读于浙江大学无线电系无线电技术专业。1963 年 8 月至 2005 年在浙江大学信电学院（无线电系）任教。

口述人：叶澄清

研制初期，一张图纸也没有

1962 年，我在无线电系读大四，何志均、周肇基两位老师辅导我做本科毕业设计，题目是"设计一台串行工作模式的计算机"。那时，世界上第一台电子计算机刚问世不久，苏联曾用电子计算机 M3 指挥卫星上了天。而浙大计算机系尚在筹建前期，何志均老师要求我们跟踪世界先进科技前沿，自主研发电子计算机。我们十多个同学在老师的指导下，从计算机基本电路开始，从零起步设计研究。周荣鑫校长还动用校长经费，通过自己的渠道，去苏联买了当时非常先进的存储设备——磁鼓。这是计算机系统的关键设备，其价格在当时听起来是天文数字。

我们的研发工作一直持续到"文革"爆发前，那时我刚毕业留校。参与研制的除了何志均老师外，主要有周肇基（总体）、蒋霞雯和陶欣（内存）、顾伟康和我（运控）、朱吾龙（外设）等。经过四年多的日夜奋战，我们终于做出了浙大也是浙江第一台电子管计算机。这台计算机安装在浙大三分部（之江校区）七号楼，整个房间就一台机器，用自带发电机作为电源，有几千个电子管，我们把它命名为 ZD-1。完成之后，有很多人来参观。据说当时无线电系领导还作为参与单位代表在省里做过介绍。

20 世纪 70 年代初，国家电子工业部组织"会战"，汇集全国力量进行计算机攻关，研发当时世界上很先进的小型多功能电子计算机，借鉴的原型是美国的 NOVA 机。那时候，北京有一个基地，上海也有一个基地。北京的项目代号是 DJS130，上海的项目代号是 DJS131。上海的基地那边，主要由上海电子计算机厂承担这个任务。当时，何老师派我们几个老师也参加这次"会战"，复旦大学、浙江大学、上海交通大学、国防科技大学和华东师范大学都派出了老师。

计算机核心技术的发展是以"代"为界的，第一代是电子管，第二代是分列的半导体元件，第三代是中小规模集成电路，第四代是大规模集成电路。"会战"要研制的是第三代——中小规模集成电路计算机，一个芯片上有两个触发器及门电路。当时大家只知道要研制这个机器，但是连一张图纸都没有。

计算机专业最早的"教材"

浙大派出了三个老师，我带队，再加上刚从上海交大调来的王品常和黄剑锋。黄剑锋是年轻教师，1970 届上海交大无线电本科毕业。其间，还有何老师及其他老师带着计算机专业 1973 届、1974 届的工农兵学员来实习过。我们刚刚去厂里时，对方还有点看不起我们，认为高校来的人只有理论、没有实践，而他们才是一直做计算机的。但正是因为我们理论功底比较好，计算机的设计都由我们这几个从高校来的人承担，从没有图纸到画出全套图纸，再到最后调试成机，我们全过程都发挥了骨干作用。

我们三个人是按照计算机的三大部件来分工的，分别到三个组开展工作：主机（即运算控制器，简称运控）、磁芯（即内存）以及外设（即外部设备）。我做运控（也叫总控），王品常做内存，黄剑锋做外设。后来，顾伟康老师也来和我们一起工作了两年多，他在外部设备组。我们几个原先住在三分部的单身教工宿舍，在上海的两年多时间里，住宿有点像打游击，一会儿住在上海交大的招待所，一会儿住在北京东路的浙大招待所，有时候就干脆住在厂里面一个办公楼的阁楼上。上海电子计算机厂在南京西路1486号，靠近静安寺。"会战"生产出来的计算机叫DJS131，获得了1978年全国科学大会的表彰。

我们从DJS131的底层开始做，深度参与其中几个核心部件的研发，对它太熟悉了。后来新安江电厂、富春江电厂向上海购买这个型号的计算机时，都请我去给他们上应用课，一去就是三个月到半年。所以我算是那些电厂应用计算机的"启蒙"老师了。富春江电厂是二级水电站，它没有庞大的水库，需要靠计算机预报上游的水量来控制闸门的开关，以进行有效的发电。他们向上海电子计算机厂购买了机器，我帮他们进行再开发和员工培训。上海的电报自动交换控制以及上海、北京等地的地铁控制也采用过DJS130/DJS131计算机系统。这个机型在国家自主研制计算机中是一个拳头产品。

DJS131是为重要的军工单位和国企生产的，当时一台就要几百万元，学校根本买不起，而且也买不到。我们参与设计之后，带回了全部的图纸。我们几个人分工背回来，都觉得太重。一个部件的图纸就有好多张，还有电路原理图、逻辑图、工艺接线图等，厚厚的一沓。我们把这些图纸变成了计算机专业的教材。学校当时没有机器，没有实验室，我们就以这套图纸为机器模型，给学生上计算机原理课，上汇编语言课，通过一个典型的产品，系统地给学生讲解计算机硬件和软件各个部分的原理。总之，我们这几个人在两年多的时间内，完全掌握了当时世界上很先进的、以中小规模集成电路为主要器件的第三代电子计算机的设计、制造、调试、运行等全套技术，为我们回校后自己研发气象自动填图系统打下了扎实的理论和实践基础。

一个气象站需要几十个人做气象填图

尽管有图纸，但如果实验室一点实验设备都没有，肯定是不行的。我们就想，能不能自己造一台计算机，给同学们做实验用。而这个时候，浙江省气象局正好也想做一台用于气象预报的计算机，我们就开始合作了。我那时住在三分部的学生宿舍，旁边就是实验室。气象局有位工程师叫田清监，是气象学校毕业的。他很有想法，也知道我们刚从上海"会战"回杭，掌握了研制小型多功能电子计算机的全套技术。他当时来学校找到了我，说能不能一起研制计算机。气象局想把通用计算机转化为专用计算机，叫气象自动填图机，也可以称为气象自动填图系统。这样，就不是一个单独的机器了，还配有气象填图专用软件、特殊的收发报机和绘图仪等外部设备。大家知道，天气是根据气象图进行预报的。那个时候，气象局挂满了气象图。全国各地有很多气象观测站，每天要记录测量到的温度、湿度、风力等数据。这些数据从各个气象站发至气象局，收报员记录到一张张纸条上，然后气象分析员把数据手工填到地图上，用特定的气象符号标注。有了这些要素，才可以画等温线、等压线，才能进行气象预报。一个气象局需要几十个人做这件事：收报的、记录的、填图的……相当费力又费时，全国的气象局都是这样预报天气的。浙江省气象局在全国的地位比较重要，因为浙江省地处东南沿海，台风比较多。有时候制作一张气象图需要一天时间，即使这样，也总赶不上气象预报的时间需求，往往成为"事后诸葛亮"，而且出错率高。我们觉得这项工作完全可以用现代计算机软硬件技术来快速完成，这个工作会很有意义。

我们在上海研制完成的 DJS131 是通用型计算机，要实现气象自动填图，就需要研发特殊的外部设备接口，实现接收信号、转换数字、计算处理等功能，还要再加一个很大的填图机，根据 X 和 Y 坐标，由计算机指挥自动填图。原理我们很快就想通了，关键是要实现填图技术，把这些特殊的外部设备运行起来。当时可以参考的资料文献几乎没有，用现在的话来说就是原始创新。填图机要能自动识别和定位气象站位置，并且输入输出的格式要规范，方向和角度都要一致。这样就比人工填图更规范、更准确，不受人为风格影响，数据表达也更科学、更精细。

第一台自动气象填图计算机诞生了

研制这个机子确实很辛苦，开始的时候机器表现得很不稳定。"会战"时用的元器件都是精密级的军品，精度要比一般民品高很多倍，价格高而且也买不到。我们采用民用的元器件做，也要求机器稳定、连续工作，这就需要做更多的测试。24 小时不间断测试，一个错不出，才能正常投入使用。

我们是这样做的：买了元器件回来后，第一轮筛选是放在烤箱里提高温度，在高温条件下放置 24 小时、72 小时，把不合格的筛掉；烤了之后再通电进行第二轮筛选。用这样的办法，选出性能最稳定的元器件，来保障机器稳定。所以我们连续作战，大家日夜值班。当时教师和学生的联系很紧密，高年级整个班级都参与进来，实验室就在学生宿舍区。我和浦树良老师负责运控和总体设计，兼元器件选择的把关。浦老师刚从北京华北计算所调来，有丰富的实际造机的经验。浦老师家住城里，每天天不亮，就从城里骑自行车过来，准时到三分部筛选元器件。

最困难的问题是内存。当时的内存只有 4096 个单元，是个磁芯存储器。磁芯是最不稳定的，经常拖后腿，不像现在的集成电路这么稳定。比如送进去是 1，读出来不是 1。有时外部设备都调好了，很稳定了，从内存读出来的数据就是不对。所以要测试、要考验。我们编了一些程序来不断考验内存，这个考验也要连续几天几夜，中间不能停顿。我们为内存组组织了更充足的力量，王品常老师带队对内存进行攻关，后来参加的有石教英老师（他刚刚从上海科大调来）、陶欣老师、王臻殚老师。外部设备组黄剑锋老师是骨干，后来徐毓良、俞扬狱老师也加入了。我和浦树良负责运控和抓总，后来青年教师潘雪增也加入了运控组。气象局专门招了一些数学系毕业的大学生，负责编写气象软件。后来平玲娣老师也加入了汇编语言程序的编写。就这样，差不多10个教师带着一批学生，经过两年左右的日日夜夜，"造"出了我国第一台自动气象填图计算机，机器经受住了三天三夜连续不断的严格程序的考验，最终通过，未出任何差错。调试成功时，机器会唱《东方红》，这也是我们用汇编语言写的程序。我们架起天线，把收报系统直接跟计算机连接，当看到填图机上笔头乖乖地移动、找位置，找到后自动把收到的规范的气象专用数据打出来，我们真的高兴极了，成功了！只要几分钟，就能打一张实时的气象图，完全不需要人为干预。

1976年在杭州，每秒运算50万次的气象自动填图机，填出了我国第一张用计算机自动绘制的气象图。完成这台机器后，当时的中国气象局局长、世界气象组织（WMO）主席邹竞蒙[①]担任鉴定组主席，牵头进行国家层面的技术鉴定。专家组得出的结论是，气象自动填图机达到国际先进水平，填补了国内空白。气象自动填图机在浙江省气象局使用时，中国气象局还没有，他们需要一台更大的填图机。浙江省气象局用的是1号图纸，中国气象局需要用0号图纸。中国气象局当时想从日本进口大型绘图仪，但是日方要价极高。我们的鉴定会结束之后，报纸上登了一则浙大气象自动填图机通过鉴定的消息。有了这个，日本方面感到有竞争了，价格马上就下来了。

这个项目是我们和浙江省气象局一起向省科委申请立项的，在省科委也是一

---

① 1987年，时任中国气象局局长邹竞蒙以唯一候选人身份当选世界气象组织新任主席，并在1991年获选连任至1995年第十二次大会届满退职。

个比较大的课题。研发这台机器的时候，我们整个系的科研经费增长了几十万。当时我们买了很多元器件，实际上造了三台计算机，第二台后来给了浙江省水文总站，第三台留在学校给学生做实验用，为我系的实验室建设贡献了关键力量。这样一套实验用的完整的计算机系统，在当时国内高校中是很少见的，而且还是师生自己动手研制的。

叶澄清

　　1957 年 9 月至 1962 年 7 月就读于浙江大学无线电系。1962 年 7 月至 1978 年 9 月在浙江大学无线电系任教。1978 年 9 月至 2002 年 1 月在浙江大学计算机学院（系）任教。

口述人：张德馨

跟着何老师"转专业"

1950 年夏，我按父亲的建议，以第一志愿报考浙江大学。浙江大学学科很全面，兼有文、理、医、工、农等学科。当年浙大共录取 600 名新生，我名列前茅，被录取到工学院电机工程系。

1952 年全国院系调整之后，浙大工科的范围变得很窄，只剩下电机工程系、机械工程系、化学工程系，到后来才有了光学仪表系和土木工程系。电机系里连个无线电专业都没有。我们原来是四年学制的，但因为当时国家急需人才，把我们的学制改为三年。1953 年夏，我提前毕业，被留在浙大任教。当时何志均老师是电机系的教学秘书，也管我们这些刚进来的见习助教。他分配我做电工测量技术课程的辅导助教，还让我设计测量磁场强度的一个实验。何老师常常跟我们强调提高动手实践能力的重要性。1953 年 11 月，何老师派我到清华大学进修电器专业。

1952 年，清华大学按苏联模式进行教学体制改革，将当年入学的新生学制改为五年。苏联各工科大学电机系设置电机与电器专业，下设电机专门化和电器专门化方向。教育部为培养全国电器专门化师资，于 1953 年批准清华聘请一位苏联电器专家到电机系工作两年，并在电机系设电机与电器专业，开设三年制电器研修班（师资培训班），招收研究生 16 人，其中包括提前确定留校的清华毕业生，还有上海交通大学、同济大学、南京工学院、浙江大学等高校的毕业生。我们在

1956 年暑期毕业离校后，有的被派到国内著名高校任教，也有的到中国科学院工作，在各工作单位均表现出很强的适应能力和工作能力。

我到清华报到的时候，工作人员问我的出生日期，我只知道是 1930 年阴历六月初六，对方查了一下，告诉我阳历是 7 月 1 日。1953 年 11 月，我离开浙大时，浙大校址还在靠近杭州城站的大学路。1954 年，浙大搬到现在的玉泉校区。

1956 年，我从清华研修班毕业并回到浙大电机系，继续担任助教。何志均老师、阙端麟老师和我同住大 U 宿舍（因为那个楼呈 U 形）二楼中廊西侧的一个寝室。何老师的床朝西，床边是一个窄书架，床前是一张有两个抽屉的书桌，桌面上摆满了书，因为何老师讲授很多门课，比如电工基础、电磁学、工程材料、电工理论等，所以需要各方面的参考资料。

1957 年，何老师和姚老师办起了新的专业——无线电技术专业。那时候浙大只有几个普通的工程系，很多学校也没有无线电专业，所以他们就只能从电机系抽调教师过来办无线电专业，我也是其中之一。我们当时在第五教学楼顶层的房间里开展新的教学和科研工作。

1958 年冬，自动远动专业的姚庆栋老师带我们去中山中路南端的杭州电表厂实习。我喜欢动手摸索，把电子管示波器的水平扫描变成 45 度的斜波扫描，做出了测量电压的功能。姚老师对此功能也很感兴趣。一天，国家领导视察浙大，姚老师马上派一位学生把此改装的示波器从工厂送到浙大，给领导展示。

1963 年，无线电系有了一定的发展，从玉泉本部迁到三分部，设在七号楼。何老师是无线电系系主任和无线电专业教研室主任。我讲授无线电测量技术课，并在七号楼二楼东侧的南间开设了无线电测量技术实验室，白天和晚上都有实验安排。当时我家住玉泉，于是每天早上、晚上骑自行车往返。每年寒暑假，我都在三分部七号楼的实验室里一个人动手做实验。

1964 年，我们带学生去上海电表厂实习，回校后，我在实验室一个人踏踏实实地调试，用集成电路研制并安装完成了一台 10 兆赫数字频率测量仪。炎热的夏天，实验室没有电扇，更没有空调。室内只有我一个人在工作，我索性把衣服脱了，汗流浃背地实干，一不注意，被蜜蜂刺了一下，只好穿上衣服去医务室处理。七号楼的后山顶上有一幢空闲的两层楼的上红房，相对凉爽。暑假期间，我有时会去那儿小憩。

1965 年，国内还没有数字化的仪器产品，这台 10 兆赫数字频率测量仪被教育部选中，作为在北京举办的"全国高校科研成果展览会"的展品。后来，在何老师参加计算机学会的学术会议前夕，我把 10 兆赫数字频率测量仪的原理写成文章，由他在会上做了这个学术报告。一般十进制数字仪表采用的是"1 2 4 8"制模式，我采用的是"1 2 4 6"制模式，更有利于提高计数速率。

1973 年，何老师开始在无线电系办计算机专业，又把我从无线电专业调到了计算机专业，我开始讲授计算机系统结构课程。当时计算机专业有硬件教研组和软件教研组，我任硬件教研组主任，黄肇德老师任软件教研组主任。

1978 年，计算机科学与工程学系成立，并从三分部迁回到玉泉的行政楼二楼。系主任何老师让我任副系主任，管理计算机系教学方面的工作，这对我而言是个锻炼的机会。这就是我从大学毕业，留电机系，到无线电系，再到计算机系的过程。

1982 年春，我到美国芝加哥理工学院做访问学者；1984 年秋回国，在计算机系开展计算机网络方面的教学与科研工作。

看得远，看得透，看得准

因为接触何老师比较多，我再讲一下计算机系发展过程中的一些故事。计算机系办起来以后，何老师一方面重视培养学生，另一方面也重视培养教师。他邀请中国科学院的魏道政研究员，国防科技大学研的胡守仁教授，还有从美国来华访问的教授，给教师和高年级学生讲学。

每次讲学完毕，何老师都要招待讲学的专家。那时市场上食品供应短缺，何老师就在自己家里请夫人薛艳庄老师（时任杭州大学生物系系主任）烧煮多样美味佳肴。每次宴请，何老师都邀我一起。我们围着桌子，一边聊天，一边就餐，薛老师在厨房忙个不停。有一次客人走后，薛老师累得躺到床上。所以说，何老师办计算机系，真是全家投入心血，而且过程中的一些后勤工作，他也在默默无闻地做。

何老师作为系主任，不但在学术方面对领域看得很远、很透、很准，很早就把人工智能这个方向抓住，而且在用人方面也看得很准，善于发挥人才特长，把年轻教师的优势和潜力用在点上。计算机系成立初期，我们仿照上海计算机厂的DJS131，用中微波的集成电路研制了第一台气象填图计算机。但在调试过程中，仪器难免出现不稳定现象。第二台是给浙江省水文总站的，要求更高，要更稳定。操作的老师发现磁芯内存读数有些不稳，何老师就把我叫去，跟浦树良老师一起排查。我们从磁芯内存的控制电路开始做全面分析，发现的确存在一些不稳定因素，据此提出在电路上改进，加了一个负反馈电阻，如此，读数才稳定下来。不是每一块磁芯板的负反馈电阻都一样，因此需要根据不同内存板的磁芯情况，测试用何种反馈电阻才能获得最稳定的读数，仪器通过稳定测试后，才能交给对方单位。

何老师还在无线电系的时候，把电磁场理论的课讲得很好，他自己编写讲义，并把其中的一些章节交给无线电系的教师讲课。当时这门课的助教是胡家銮，后来他被调到高教部的出版社工作。他去北京工作一段时间后，给何老师写信，想请何老师把无线电技术、电磁场理论等课程的自编讲义整理好，作为高教统编教材出版。但是何老师没有回应，何老师的注意力根本不在这方面。

1979 年，浙大由刘丹副校长带队访问美国，何老师也是访问成员之一。临行前，何老师交给我一项任务，要我把他给首届研究生开的课接着讲下去，而且要用英文原版教材，用英语讲课。我遵从照办。

大概 90 年代初，何老师和我讲起，有一位记者找到他家里，想收集一些材料，报道何老师的事迹。何老师不感兴趣，让记者来找我，了解我父亲的事情。我父亲张印通当时是嘉兴一中校长，抗战时是省立联合中学校务委员会主任、省立联高校长，是一位大公无私的爱国教育家。

张德馨

1950 年至 1978 年先后就读、任教于浙江大学工电机系和无线电系；1978 年至 1993 年任教于浙江大学计算机系。

口述人：陶欣

钱学森来浙大讲学，我们围着他听讲

我本来在浙大电机系读本科，大概大三的时候，我们三个班的其中一个被调到清华去做新技术——自动控制技术，所以剩下两个班。学校进行大调整，把我们从电机系调到姚庆栋老师这里做自动远动，到了自动远动专业后，我就跟着张德馨去上海做数字电压表。大四的时候，学校里提前毕业蛮普遍的。后来成立十一系的时候，姚庆栋把我拉到十一系。当时三分部有十系和十一系两个涉密的系，十系是原子弹方向，十一系是导弹方向。我们十一系的领导是马元骧[①]和姚庆栋，十系的系主任是王谟显[②]。

我于1960年毕业，毕业后的头两年在十一系。这两年里，我没有上过课，王明华等还是学生。晚上九点钟自修课之后，笔记本全部收拢，交到保密处，第二天早上班长再从保密处拿回来。三分部门口站岗的都是荷枪实弹的解放军。

我们一点基础也没有，怎么做导弹？有一次，周荣鑫校长把钱学森请到三分部来做讲座。就在一个教室的讲台旁边，我们五六个人——我、姚庆栋及光仪系几个人——把钱学森围起来听他讲。那时候钱学森看起来极有风度，我从来没有见过风度这么好的人。

---

① 马元骧分别于1961年和1978年创建工程力学系和热物理工程学系，并担任系领导。
② 1957年浙大恢复理科后，王谟显担任物理系第一任系主任。

两年以后导弹系撤销了，我回到无线电系。在我的印象中，我就好像是 1962 年毕业的一样，因为前面两年没有一点成果可讲。到了无线电系，我被安排在计算机专业，同周肇基、叶澄清（1962 年他在那里做毕业设计，刚好毕业设计结束）、蒋霞雯、朱吾龙等一起。周肇基来得最早，他比我高一届，到北大去培训过，回来之后就成了主力。

当时系里的一台计算机 ZD-1 是仿苏联的，我去的时候已经装好，正在做 24 小时连续调试，我参与了值班。后来研发电子管计算机，北京叫 DJS130，上海叫 DJS131，两台是一样的。一台机器有一个房间那么大，还配有一个专用的发电机，频率不是 50 转的，而是 300 转的。做第一台的时候我还在五七干校，我回来的时候，正好在搞第二台，第二台是给水文总站的。原来计算机在连续运行的时候，经常每 20 分钟要停一下，那就是出错了。有一天是星期六，浦树良生病了，就我一个人，我去看信号，发现主脉冲毛刺很多。屏蔽线原来两头接地，我把一根屏蔽线的一头去掉，变成只有一头接地，脉冲就很清爽了。第二天是星期天——那个时候是单休——我把 16 根接地线全部按这个方法拆掉，一运行，很稳定，叶澄清在旁边说："老陶，今天一个上午没停过嘛！"后来这个消息大概传到了三分部党总支书记陈文斌那里，他在一次大会上点名表扬了我，我自己没听到，是隔壁邻居告诉我的，说陈书记表扬我放弃了休息日去工作，工作做得很好，解决了问题。

我接触何志均老师比较迟了。何老师对在他手下工作的人，平时看起来好像很少交流，和我们接触不多，但工作上的一举一动、一点一滴，他都看在眼里。所以我感觉他对每一个人的关心是发自内心的，不是表面上的。

我那时候在实验室里第一次接触微机单板机，不懂它的原理，大家也都不熟悉。我想知道敲一个 A，怎么会显示 A，在同一个接触点敲一个 B，怎么会又显示 B。为了探究这个问题，我把机器拆开，把里面最原始的固定程序拿出来读，这才弄清楚。

有一次，我们系办一个讲座，校委会朱建英、苏金金，还有电机系和无线电系的毕业生都来听，我把微机单板机具体工作的原理讲给他们听。有一位心理系或是电机系的老师，原来是无线电系毕业的，她说吕维雪在无线电系办过关于微机的讲座，但讲得比较宽泛，偏重应用，而我讲微机是怎么工作的，最原始的程序是怎么读出来的，一个键按下去，怎么会出来 A。她说："陶老师，你比我们吕校长讲得好。"从那以后，我对微机就比较熟悉了。有一次，大概是宁波的东海舰队司令部要浙大去做一个讲座，何老师叫我去，我觉得很奇怪，怎么会叫我去，但也只好硬着头皮去。

我非常佩服何老师的超前思想。有一次他给一年级新生做报告，介绍计算机专业，他举了一个例子：世界上飞机的出现离我们现在大概 100 多年时间，现在的飞机和当时的飞机比，只是速度快一点，飞得高一点；第一代计算机在 20 世纪40 年代出现，距离我们现在只有几十年的时间，但现在的计算机比第一代计算机的功能强大了几千倍，价格反而降下来了。计算机的发展非常快，他讲得很生动。

到了无线电系之后，有一次我同毛德操一起做事。毛德操本来是一名工人，何老师被下放到临安的时候认识了他。毛德操很勤奋，很聪明，何老师一下就看准了这个人才。毛德操被何老师调过来，成为实验员，后来又成为高级工程师，在私人公司里做高级顾问。我开始上课的时候，《计算机软件基础》这本教材没有中国的版本，我们自己翻译成中文，印出来当作教材用，中文版本就是毛德操翻译的，他的英文很好。

20 世纪 80 年代，毛德操为我们提供了一个筛状单板机，再配上西湖电视机厂提供的、给西湖电视机用的 12 英寸显示屏，我们又在机械工厂敲了一只铁壳子，把它们组装成微机，其中的焊接活都是自己做。平玲娣是做软件的，她把Fortran 语言的软件配上去，很好用。

那时候，微机还不多。省里晓得之后，马上委托浙大生产 100 套微机，配给各地的中学、大专等学校使用。何老师委托机械工厂加工，我、王品常和浦树良一道指导生产。100 套生产出来，10000 块钱一套。做好之后，省里送给我们系里 4 套。系里给了金廷赞一套，因为他在做服装设计的课题。

从那以后，我就对微机更熟悉了。分配到机器的各个单位派人来学习，我给他们讲了一次课。讲完之后，大概是机械工厂技术科的一个人跟我说："陶老师，我听你讲之前准备了七八个问题，听你讲完之后，我的问题都解决了。"我听了很高兴。

后来有两个年轻的苏联访问学者来到我们学校，一个跟张德馨，一个跟我。那个时候我在做自动检测，他蛮感兴趣，跟我一起做。后来他要回去了，还客气地说："我回去之后（在我的国家）发表论文，你在你的国家发表，我们互不干扰，不影响的。"

何老师确实对名利一点都不在意，他上课就是夹着一叠讲义去，教了这么多年书，从来没发表过一篇论文，没出版过一本书。课上得多，都是为了工作，他一有新的知识、新的东西，就马上介绍给大家。

何老师过世前大概十几天，我和钟美青、江树木去医院看他，他特地坐起来，要跟我们拍照。那天钟美青大概拿了一个工资单，讲起我的工资比江树木少 500 多块钱。何老师说："老陶，我这辈子亏欠你了。"他说亏欠两个人，我和陈增武。他以为陈增武也没升教授。何老师脑子里还记得亏欠。我说，您没有亏欠我。

陶欣

1955 年 8 月至 1958 年就读于浙江大学电机系发电专业。1958 年转入无线电系自动远动专业。1960 年至 1996 年先后在浙江大学无线电系、计算机系任教。

DJS131计算机诞生记

1978 年 3 月 18 日，中共中央在北京隆重召开全国科学大会。全社会迎来了"科学的春天"。在钱塘江畔，月轮山下，浙大三分部（之江校区）三号楼计算机系的几间简陋的实验室里，伴随着强劲的科技兴国、科技强国进军号，新成立的计算机系领导抽调精兵强将，集中优势兵力，组成强大的攻关组，下设运控、内存、外设、电源四个小组。一场研制 DJS131 小型计算机的战役就此拉开序幕。实验室的墙上挂满了图纸，桌子上铺着大大小小许多图纸、参考资料和器件手册，计算机系的师生凭几台简单的仪器设备和实验工具，摆开了攻关的战场，夜以继日，忘我工作。

面对如山的资料、如海的图纸、如蚁的元件，大家发扬蚂蚁啃骨头的精神，一本本地钻资料，一张张地看图纸，一边看图纸，一边翻书本查资料，进行系统的原理分析，将工作原理都弄清楚，将电路图都走通畅，将集成电路块和元器件的性能都吃透彻。具体到一个数据从一点出发达到某一点，在错综复杂密如蛛网的线路中，沿途要经过哪些路线、哪些门，要顺利达到那一点需要具备哪些条件，要做哪些动作，在什么时间需要等待什么样的控制信号才能通过，最后到达应该是什么时间，是什么波形，幅度多大，等等，这些全都要熟记在心。闭上眼，脑海中就会清晰地浮现生动活泼、精彩纷呈的电子变幻运动场景，控制流、信号流、数据流在不停地有序变换前进。有了坚实的理论基础武装头脑，犹如重大战役前夕，雄兵百万在胸，排兵布阵信手拈来，等真正"开战"时，就可以镇定自若地具体指导实际的研制行动了。

因为元器件的性能有很大的差异，首先要用专用设备（如品质因素测试仪和晶体管特性仪等）对所有的电阻、电容、电感、二极管、三极管进行全面分类测试，像沙里淘金那样筛选，将参数和特性不符合要求的全部淘汰，以免安装后影响最终的总成调试。接下来就动手安装，这可是一项精细活，容不得一丝一毫差错的。要有耐心，按照一定的规律和顺序，有条不紊地进行。每个元器件都要对号入座，有些有极性的元器件，如二极管、三极管和电解电容，不仅要对号入座，而且极性千万不能接反，否则电路就会出现故障，严重的甚至会损坏元器件。

焊接时要用烙铁将集成电路块上紧密并排分列在两侧的十几只引脚，准确无误地焊接上，一不小心就会将几只引脚焊在一起，那活真比绣花还要精细。电阻、电容、电感、晶体管等元器件的引脚要先清除锈蚀物，用火热的烙铁将元器件的引脚放到松香上一点，吱的一声，随即就冒出一股刺鼻呛人的气味，接着升腾起几缕青烟，让人只能眯着眼看焊接点的情况。焊接也同样来不得半点马虎，必须认真仔细，焊点要光滑饱满，不能出现任何漏焊或虚焊的地方，否则调试时参数极不稳定，时好时坏、时断时通，让你捉摸不定。要在亮闪闪一片、星罗棋布的元器件密密麻麻的焊点中，查到原因、找到纰点，真像大海捞针，既费时又困难。

各种安装工作和所有的焊接都完成后，再仔细点拨检查上几遍，确认无误后通上电源，接上信号源，就可以进行调试。这是最关键也是最具挑战性的阶段，技术和功夫全体现在这个阶段。测试时经常要熬夜，甚至通宵达旦。测试时各仪器前坐满了指导、调试、检查的人。调试过程要按照要求循序渐进，分级分阶段一步步来，分别用万用表、示波器等检测工具对各测试点进行相应测试，逐一检查各测试点的电压和波形。测试点不同，显示的波形幅度和宽度也各不相同，结果须达到要求的理想状态，否则就要对照电路原理图查阅资料，查原因找故障。有时为了使一个波形完全达到设计要求，要反反复复调试很长时间，久调未果真让人焦急上火、寝食难安。不同组的成员，经常会聚集在一起交流心得体会，探讨技术诀窍，相互鼓励、相互支持，一起分享成功时的喜悦和困难时的苦闷。

分模块检测没问题后，就要连续48小时不间断地使用专门的拷机程序进行整机考核性运行，用最大或最小允许偏差的电流进行测试，俗称"拉偏"。这时如用专用示波器在关键的测试点上监测，可以观察到疏密有致、大小协调、不停和谐变换闪动的波形，大家形象地称这种现象为"下雨"，那就是"0"或"1"通过该点时的矫健身影！如果运行特定的程序，还能近距离收听到计算机正在演奏著名乐曲《东方红》呢！这些有节奏的美妙声音是电流通过磁芯时产生的电磁波，对我们来说，比世界上任何交响乐还要动听！只要某个地方有一点小问题，哪怕是元器件的性能无法承受长时间高强度的考核，这种赏心悦目的波形就会立刻被破坏，变成杂乱无章一片混沌，悦耳动听的音乐也会变成噪声。

经过失败—检查—调试—再失败—再检查—再调试，当精彩的"下雨"节目在通过所有调试后持续稳定地出现在示波器的屏幕上时，攻关以来所有的辛勤劳作、苦闷烦恼，都随着音乐飘逝而去，那激动的心情无法用语言来表达，也是旁人无法体会到的，真是甘苦自知，一切尽在不言中。那自豪的感觉让人久久不能忘怀！

研制安装好的计算机深蓝色的机身，跟写字台差不多大，一头是内存柜，另一头是控制与接口柜，中间是操作台，控制面板上安装了许多指示灯、按钮和微动开关。通过这些按钮和微动开关，可以将一些状态设置成"0"或"1"，从而组合成各种不同的机器指令，使计算机按照操作员设计的程序执行相应的操作。

打开机身后盖，只见密密麻麻、五颜六色的导线像神经网络一样纵横交错，令人眼花缭乱。有些导线像人的神经一样，传递着指令与控制信号；另一些导线像人的血管一样，传输着信息和数据，使整个机器正常运转。内存柜中的内存板是由许多绕着极细漆包线的极小的环形磁芯组成的阵列。控制与接口柜中的控制板和接口板上挤挤挨挨地排布着许多分立元件，如电阻、电容、电感、二极管和三极管等，像即将出征的兵马阵，那阵势蔚为壮观，让人目不暇接。

与计算机主机配套相连的输入输出设备有电传打字机、穿孔机、纸带输入机等基本外部设备，没有现在必不可少的显示器。要随时了解各种情况，只能看指示灯或直接通过穿孔机、电传打字机输出后再查看。电传打字机是德国制造的机械式设备，输入和输出功能兼而有之。电传打字机的键盘作为输入设备，可以向计算机输入各种指令和数据；而电传打字机的打印头则作为输出设备，每个字母、数字和符号都对应一根打印杆，打印时机器"咔嚓咔嚓"直响。因为是机械式的设备，需要经常给机器加油保养，否则极易生锈，运行也就不那么灵活轻巧，且会发出更嘈杂的噪声。穿孔机是一种输出设备，它有一个穿孔头，上面有一排极细的打孔针，通过电磁作用将数字信号"0"或"1"以打孔的形式在专用纸带上保存下来，以便交换、使用和存档。纸带输入机是一种与穿孔机相对应的输入设备，它有一个数据读入头，上面有一排很小的光敏二极管，通过光电作用将纸带上穿孔的符号转换成计算机能够识别的数字信号"0"或"1"。使用时将纸带装在纸带输入机上，然后再启动机器，计算机就会自动将纸带上的信息读入内存。这些外部设备和计算机主机一起组成了最基本的一套完整的计算机系统。

当时条件十分艰苦，没有空调，夏天伴随着蝉鸣蛙叫、蚊虫叮咬，冬天要经历冻雨打窗、朔风吹门。大家在全国科学大会精神的鼓舞下，不畏艰难困苦，夜以继日地奋发努力，克服种种困难，连续研制出三台小型计算机，其中两台分别为浙江省气象局和浙江省水文站研制，另一台留在系里作为教学用机。DJS131

是中小规模集成电路的计算机，运算速度每秒50万次，机器字长16位，内存容量只有32KB，并且是磁芯内存，也没有真正意义上的操作系统。但这些机器凝聚着集体的智慧，是辛勤劳动的结晶，充分体现了我系教师团队合作和忘我拼搏的精神！它为我系赢得了不少荣誉，极大地推动了浙江省科技进步特别是计算机应用发展，也为我系的科研工作打开了可喜的新局面，开辟出一条全新的教学与科研相结合的道路。

关长青

    1979年3月至2012年12月在浙江大学计算机学院（系）实验室、计算机机房、学院（系）办公室工作。

口述人：童学军

国际人工智能大会上，我们是最年轻的参与者

1987年夏天，何志均教授带领我和杨涛以及其他几位人工智能专家组成中国代表团，参加在意大利米兰举行的国际人工智能联合会议（IJCAI）。

当年我和杨涛的硕士论文在何教授和俞瑞钊教授的指点下，成功地被 IJCAI

何志均教授（左二）与童学军（右一）、杨涛（左一）在意大利米兰 IJCAI 会场前（1987）

录用。会议组织者认定我们为最年轻的参会者，给我们两人发放了1000美元奖励并指定我俩分别担任小组会的会长。接到组委会的通知后，何教授第一时间把情况向国家教委汇报，要求把我俩加入早先已定好的中国代表团，这项申请得到了国家教委的支持，我俩就这样顺利得到了去米兰参会的机会。

A TOOL FOR BUILDING SECOND GENERATION EXHCRT SYSTEMS

Xuejun Tong, Zhijun He and Ruizao Yu

Artificial Intelligence Laboratory
Computer Science and Engineering Department
Zhejiang University, Hangzhou, P.R.China

ABSTRACTS

The demand for second generation expert systems will soon bring forward the demand for tools to build them. ZDEST-2 is built to test the authors' ideas on what characteristics such tools should have and how to reflect them consistently within a system. New concepts such as three-level control scheme and 3-D explanation are introduced;multiple representation methods and inference engines are offered and integrated. The most distinguished characteristics of ZDEST-2 are: (1) It is a general tool suitable for building various domain oriented expert systems(ESs). (2) The ESs built by it can fully reflect the nature of applicated domains. (3) Well-developed environment is provided for the building and using of ESs. (4) A user friendly interface is emphasized, explanations can be tailored to the elaboration needed, and, external procedure accesses are allowed. This paper gives a quite detailed description about how ZDEST-2 gains such characteristics.

I INTRODUCTION

During the past decade, ES technology has been developing rapidly, attracting a great number of researchers and cooperations. But still, it is felt that the first generation ESs neglect the importance of simulating experts' problem-solving trains and the importance of meeting the needs of terminal users. Thus begins the research on second generation ES(SGES). To conform to this tendency, the problem challenging tool designers is how to build tools which are able to assist domain. Other tools such as HEARSAY-"1 C63 and AGEC73, tend to be general aids, sacrifice efficiency to gain generality, so they are impractical to use. Prior tools lack the intention to organize separate modules into a closely related tool set to provide life long service for ESs. Domain experts try hard to find tools providing good assistance to the use of ESs, only to find those tools are not suitable for building their own ESs. So we feel, future tools should have the following characteristics: firstly, they should have great flexibility in combining various different inference engines; secondly, ESs built by them should fully reflect the nature of application domain, the expert's reasoning trains and the ways expert giving explanation; thirdly,they should be able to record rich-structured bookkeeping information for knowledge in order to support the maintaining and updating of SGESs and to provide user friendly interface; and forthly, as the SGES may be a sort of distributed problem-solving system, the tools should have the potentiality to build distributed systems. ZDEST-2 is built to explore the potentiality of having these characteristics within a system, in order to offer SGESs life long service. It results in a fair success. It has been used to build four ESs from different domains: one for detecting blood defects (ZCLOT); one for repairing superheterodyne transistor radios (ZRAD); one for prospecting mineral resources and estimating the quantity (ZGPE); and one for making up the best cotton composition for cotton mills (ZCOT).

I OVERVIEW OF ZDEST-2

1987 年被国际人工智能最具权威的会议（IJCAI）录用的论文

我们在米兰参会期间学习到很多知识，也因作为唯一来自中国的代表团而受到关注。我也受到德国科学院人工智能分院的邀请去做交流。米兰会议给我留下的最深印象还是何教授的敬业。出国前，何教授让我们带足了方便面、压缩饼干，可以吃十天。何教授让我们把每天 25 美元的津贴省下来，用于为浙大计算机系购买会议文献等书籍。何志均教授的精神让我终生难忘。

童学军

　　1979 年至 1986 年 7 月就读于浙江大学计算机系。

口述人：陈纯

师从何志均老师

1982年春，作为"文革"后恢复高考的第一届本科毕业生，我从厦门大学数学系考取浙大计算机系计算机应用硕士研究生，师从何志均老师。当年计算机系招了四名研究生，叶晓萍、陆建平、郭尚清和我，四人中只有我是外校考入的。那一届全校共招了108名研究生，与梁山好汉数目相同，所以这个数字我永远记得。因为全国招收研究生数量很少，竞争非常激烈，而我又是跨专业，作为非计算机专业的学生，考研时要自学七八门计算机系本科专业的课程，难度还是很大的。说起下如此大的决心报考浙大计算机系研究生，还是事出有因的。

我出生在浙江象山石浦，它位于象山半岛的尽头，是个很偏僻的渔港古镇，交通十分闭塞，那时提起石浦，基本没什么人知道，不像现在打着"石浦海鲜"旗号的饭店比比皆是。1974年，高中毕业的我插队落户在东海上一个叫高塘的海岛，既没电又缺水，生活条件十分艰苦。由于表现突出，两年后的1976年初夏，我作为象山县和宁波地区的知青代表出席了浙江省首届上山下乡知识青年代表大会。21岁的我第一次乘汽车到宁波，第一次看见了火车，第一次坐火车到了省城杭州。当火车呜呜地通过钱塘江大桥时，我激动得热泪盈眶。当时的杭州虽然流传着"美丽的西湖，破烂的城市"的说法，但对于我这个乡下人来说可谓是大开眼界。在杭州的七天，我们住在九溪附近的屏风山宾馆，每天都经过六和塔边的浙大三分部，然后到解百对面的浙江省人民大会堂开会，真有泥腿子一下步入人间天堂的感觉。后来在离开杭州的火车上，我记下日记："回去后一定要更加努力干活，当好新一代的农民，争取每年来杭州开会……"

没想到，1977 年国家恢复了高考制度。我受徐迟的报告文学《哥德巴赫猜想》的影响，考入厦门大学数学系控制理论专业，四年后从厦大毕业。为了实现每年来杭州的愿望，我跨专业报考了浙大计算机系。

有人说过："人生乃至世界都是由很多个没想到组成的。"1976 年在杭州开会七天的我，没想到一年后有幸参加了高考；没想到在开会时每天经过的三分部，诞生了与我一生的事业都息息相关的浙大计算机系；更没想到六年后又来到了杭州，而且住在了杭州，超额实现了愿望。如今看看当年写的日记，总是禁不住无限感慨。1976 年至今，浙大计算机学科从诞生、发展到壮大，现已享誉国内外，而我这个 21 岁才第一次看到火车的下乡知青如今也是学生满天下了。

在读研究生的两年半时间里，最大的收获来自何老师大胆放手的教学作风和培养方式，专业课我们都是一起自学、讨论着上的，硕士论文的选题也是自己找的。我本来自学能力就比较强，才得以自学七八门课考上浙大计算机系，所以何老师这种大胆放手的培养方式让我如鱼得水。毕业时，何老师建议我留校，那时国内经济落后，百废待兴，各方面条件相对较差,1977 级、1978 级很多人都是"没有条件创造条件"也要出国。1984 年，当我想要出国时，何老师劝我先读他的博士，晓我以理，并答应把我夫人陈海燕从安徽芜湖机电学院调到杭州。在当时杭大计算机系系主任张森教授的帮助下，1985 年陈海燕调入杭大计算机系，我成了何老师第一个也是浙大计算机系的第一个博士。每当我回忆这些时，内心还是很忐忑：不知这些年是否辜负了何老师当年对我的培养和期望。

在何老师门下读博时，我们的学术交流很频繁。一次，何老师到德国进行三个月的学术访问，仍与我保持书信交流。那时没有互联网，家庭电话也不具备国际长途功能，打国际长途电话要跑到武林门电信局去。一般是打不起国际长途的，沟通主要靠书信。何老师常常一写就是洋洋洒洒的十几张纸。因为国际信件按重量计费，为了节省邮寄费，何老师就把每张书信都缩印成很小的纸再寄给我，有些小的字我要拿着放大镜来读。

CBX情结

CBX为何物？如今在计算机学院已经没有几个老师知道了，可在20世纪80年代初，那可是浙大计算机系从事计算机图像图形处理研究的教师和研究生的宝贝，是美国DGS公司出品的、当时国际上最先进的图像处理设备。DGS公司的老板夏道师先生是美籍华人，在新中国成立之前从上海交大毕业后去美国留学，获得哈佛大学的硕士学位和斯坦福大学的博士学位。改革开放后，夏先生很早来到中国，与何老师很投缘。CBX-800是伪彩色系统，CBX-1600是真彩色系统。何老师买了CBX系统后，计算机系早期涉及图像图形处理的研究都是在这上面进行的，如潘云鹤教授的智能美术图案系统，何志均教授的真实感显示和三维造型系统，金廷赞教授的三维图形和服装设计系统，朱淼良教授的图像处理系统，我和董金祥教授的纺织印染图像制版自动化系统，石教英教授研发的类似DGS-400、DGS-800的系统。当年的CBX系统与VAX-11/785"日月同辉"，对浙大计算机系的发展都起到了巨大的推动作用。当时在中国有几十套CBX-1600设备，据我所知，当时杭大计算机系的张森教授也在这上面开发了很好的医学图像处理系统，连续在《中国科学》上发表了两篇文章。由于我就读硕士研究生时选择的方向是图像处理和模式识别，因此何老师让我承担CBX接口和底层的开发工作。通过CBX系统，我有幸与计算机系的众多教授有了合作，如潘云鹤教授后来的智能CAD系统及在纺织印花业的应用，朱淼良教授的油田三维勘探图像重建解释系统（当时在湖北潜江江汉油田一待就是几个月），石教英教授在北京大山子 502 所的无损图像探测处理系统，等等，这些研究我都有参与，教授们各具特色又不失严谨的治学风格使我受益匪浅。

那时我经常携带 CBX 系统出差，因为它的珍贵，每次坐火车都跟着它沾光，享受当时只有高干才能享受的软卧待遇。由于熟知 CBX 系统，我成了美国 DGS 公司在中国的技术专家。1985 年，夏道师先生邀请我和董金祥教授去美国硅谷考察访问，也享受了很高的待遇，那是我首次出国，也是首次乘飞机。美中不足的是，当时的图像终端是 CRT（阴极射线管），再加上早期的交互手段是直接在 CRT 上点击的光笔，辐射特别大。那几年，喜欢夜以继日地泡在实验室的是 1977 级的我、1978 级的刘炼材和 1979 级的张宁，张宁和刘炼材都非常聪明努力，科研动手能力很强，何志均老师和石教英老师都很爱护我们。

纺织业的CAD/CAM系统

20 世纪 80 年代初，浙江大学的计算机图像图形处理和 CAD 技术的研究开展得十分红火。从潘云鹤教授的智能美术图案设计系统开始，计算机学院的老师们十分重视将科研成果应用于企业，如在纺织业这一典型的传统行业，浙大计算机学院对纺织行业 CAD/CAM 系统持续进行了 20 多年高水平的科学研究。从 20 世纪 80 年代初的设计创新，到 90 年代初的工艺创新，再到 21 世纪初的装备创新，不同阶段都取得了具有国际水平的成果。

纺织行业的 CAD/CAM 系统主要应用在提花、印花和服装行业。当时中国的纺织业欣欣向荣，是出口创汇第一大产业。纺织印染厂不仅数量多、规模大，而且进口的印花设备也很先进。但长期以来花样设计和图案分色工艺落后，完全靠人工绘制。分色胶片的质量难以保证，直接影响了当时主要靠来样、来料加工的我国丝绸及其他纺织品在国际市场上的竞争力。1986 年,在我刚刚师从何志均老师攻读博士学位之时,国家经贸委和浙江省计委下达的 "计算机丝绸花样设计、分色处理和制版自动化系统" 项目正式启动,这是一个集计算机系统、图像图形处理系统、光鼓扫描输入和印花激光制版机于一身的全新设备。

初出茅庐的我承担这么大的系统的研发工作,压力之大可想而知。那时计算机和外设都非常简陋,仅仅为了节约内存就要动很多脑筋,现在看来是毫无作用的劳作在当时可能就是成败的关键。没有合适的外设,没有合适的输入输出软硬件接口,国际上也没有可供借鉴的开发经验和软件系统,几乎一切都要自己设计,从头开始。整整三年,我几乎每天骑自行车往返于浙大和杭州丝绸印染厂(现喜得宝丝绸公司),经常通宵达旦地工作,跟课题组成员董金祥、许端清(当时还是大三学生)、王忠民(当时是杭州丝绸印染厂信息中心的工程师)一次次修改程序,一次次调试分析。我们经常为项目取得的任何一点进展而兴奋,也经常因为项目进展受挫而茫然。很幸运,项目终于在 1989 年完成,在技术性能、结构等方面都达到了国际领先水平,随后我们又进行了产业化开发,全国各地的丝绸印染厂排队来买系统,创造了巨大的社会效益和经济效益。我因此受到了杭州市政府的重奖,并荣获浙江省十大科技新星称号。我的儿子陈航那时才几岁,就经常在外面竖着大拇指向别人炫耀:"我的爸爸是浙江省十大科技新星,还名列榜首呢!"转眼间陈航也在 2007 年从浙大计算机学院毕业了。

说起这个项目的产业化开发,还有一个小插曲。1990 年,喜得宝丝绸公司在杭州高新区成立了喜得宝系统工程公司,进行项目的产业化推广。其中我负责技术研发,公司就将部分收益作为科研经费支持浙大。可能当时学校科研处对这种模式不太提倡,而我是刚被评为副教授的小字辈,于是在全校科研大会上被当作典型,受到胡建雄常务副校长的批评。我觉得非常委屈,越级向当时的校长路甬祥教授写了一封申诉信(被科研处领导称为告状信)。路校长在信上批语:"人才难得，想法留住。"路校长的厚爱让我至今都感激不尽；胡常务也是大人大量，紧接着推荐我为国家教委首批"跨世纪优秀人才培养计划"候选人。随后的十几年间，胡常务对我及计算机系的发展都给予了许多无私的帮助。这个项目的研发经历对我的影响之深刻骨铭心，以至于我后来的很多科研工作都建立在纺织业的基础之上。例如印花提花一体化纺织 CAD/CAM 系统，与宏华公司合作研发的纺织品数码喷印系统等，它们对中国的传统纺织印染工艺有了革命性的提升，分别获得国家科学技术进步奖三等奖（1996 年）和国家技术发明奖二等奖（2007 年）。

1988 年夏天的一个中午，为了庆祝研究工作的一个重大突破，项目组拿出仅有的 300 元聚餐。我、董金祥、许端清、王忠民等几人决定去最高级的饭店吃顿最高级的饭以犒劳大家。大家商量后决定去黄龙饭店，王忠民还因为穿了拖鞋而被拒之门外，后来在附近买了双鞋换上才让进去。大家都没吃过鲍鱼，就奢侈了一把，花 96 元钱点了一个最贵的菜，叫"鲍鱼菜心"。大家囫囵吞枣，吃得很开心。最后就等"鲍鱼菜心"了，但等来等去都没动静，服务员告诉我们，菜早就上齐了。后来才知道，刚才吃的一个"香菇菜心"就是"鲍鱼菜心"，大家直喊冤枉，还抱怨服务员怎么不告诉我们一下，害得我们当香菇吃了，根本没体会到吃鲍鱼的感觉。

Innovation：亿脑网新

由潘云鹤院士负责的"面向区域经济的产品创新设计的计算机辅助技术与系统"于 1998 年 12 月在国家计委正式立项，总经费达 2.7 亿元，其中国拨经费为 4000 万元。项目主要研究面向市场、基于网络、支持多阶段开发与信息化产品创新点设计的技术与系统。将人工智能、多媒体、工业设计和当时发展的 CAD 技术加以融合，开创性地发展计算机辅助创新系统，提出了一批新的理论与模型、新的技术与方法，研发了支持产品创新设计的七个计算机辅助软件平台，并借助"产品创新中心"这一产学研相结合的具有中国特色的新型组织模型，面向行业、辐射区域，极大地提高了企业新产品的设计开发能力，成功地走出了一条"以信息化带动工业化"的路子。项目于2004年获得国家科学技术进步奖二等奖。我有幸作为项目的副负责人协助潘云鹤院士，经历了项目申请、立项、执行、验收、推广的全过程，历时近八年，其中的酸甜苦辣，至今还历历在目，让人回味无穷。就今天而言，创新的概念深入人心，产品创新设计的理念被广为接受，可潘院士早在1996年提出产品创新的理念，设计"面向区域经济的产品创新设计的计算机辅助技术与系统"时，响应者寥寥无几，花费近三年时间的项目申请过程几乎是一个产品创新理念教育和普及的过程。项目研讨、论证会不知开了多少次，项目申请书、可行性报告不知写了多少稿，到各个部委不知交流汇报了多少次。项目研发历时近五年。大项目锻炼人、培养人，一批年轻人得以茁壮成长，当年项目组八位担当主力的年轻副教授如今都已是计算机学院的教授、学术带头人。

1998年5月的一个下午，北京的初夏闷热异常，潘云鹤院士、刁玲玲主任（时任浙大驻京办主任）、王绳兮处长（时任浙大科研处处长）和我一起，为项目的事要去国家计委。那天浙大驻京办唯一一辆普桑车送去修理了，我们四个人在宾馆门口一直打不到车，我只好冲到马路中间去拦车。好不容易拦到一辆夏利出租车，司机一看我们四个人就说不行，人太多，拉不动。但这是好不容易拦到的车，我们当然不愿意下车。结果车子刚开出十几米远，真的就冒烟熄火了，四个人只好下车，在烈日下继续等待……

"亿脑网新"是英文 Innovation（创新）的中文谐音。1998年四校合并，新浙江大学成立，潘云鹤院士任校长。新浙大的规模全国第一，学科数目全国第一，备受瞩目，国家和省里都十分关心。当时国内高校的产业化上市公司，以计算机学科为背景的有北大方正、清华同方、清华紫光、东大阿尔派等，浙大计算机应用学科与清华并列第一，浙江大学却没有具有影响力的 IT 上市公司。身为计算机学科带头人和浙大校长的潘云鹤院士经常被问及为什么浙大没有像清华同方、北大方正这样的企业。后来一段时间，潘校长经常召集我和赵建（时任浙大快威计算机公司总裁，浙大计算机系 1988 年本科毕业生）商讨依托浙大计算机学科，打造一艘以计算机辅助产品创新成果为核心，以组建软件、网络和计算机应用为主业的中国软件和网络业航母的大计。2001 年 6 月，寓意"创新"的浙大网新控股公司成立，潘校长任董事长，赵建任总裁，我担任上市公司——浙大网新科技的董事长，浙大网新成了浙江大学科技成果产业化的一个平台。计算机学院的史烈、陈平、陈健等老师一开始就参与其中，后来，何志均、杨小虎、周波、孙建伶等老师与美国道富银行的合作，更是成功开创了网新面向欧美的软件外包业务，在国际上赢得了良好的声誉。

本篇改编自浙江大学计算机科学与技术学院编写的《30岁守望——浙江大学计算机学院30周年纪念文集》中陈纯院士的署名文章《饮水思源 励志图强——在浙大计算机系（学院）的日子里》。

陈纯

　　1981 年至 1991 年就读于浙江大学计算机系计算机应用专业。1984 年至今在浙江大学计算机学院（系）任教。

八、人为本,和为贵,变则通

回顾45年来浙江大学计算机学科上下一心、艰苦奋斗的辉煌历程，可以总结出许多有益的经验，比如有难得的历史机遇，有正确的方针政策，有学校领导的关心和支持，有一批优秀的教师和出色的学生，等等。同时，我们也不能忘记浙大计算机学科几代人长期以来所创造和积淀的学院发展理念及其发挥的巨大作用。

在这一篇章中，潘云鹤、吴朝晖、陈纯、汪益民、高平等教师讲述了对学院文化的理解，以及学院发展历程中让人印象深刻的点点滴滴。这点滴之中折射出一个学院的人文环境和发展理念对学院全面协调可持续发展的重要性。

认真总结浙大计算机学科一路走来的成就和经验，其中很重要的一条就是坚持和弘扬"人为本，和为贵，变则通"的发展理念。

2018 年 10 月 28 日，在浙江大学计算机学院 40 周年院庆之际，著名雕塑家潘锡柔教授及其孙潘宇峰先生为学院创始人何志均先生制作的半身青铜塑像在学院院史陈列馆落成。

浙江大学计算机学院院史馆里的何志均先生雕像

口述人：潘云鹤

朴实无华的宝贵遗产

"人为本，和为贵，变则通"，我认为这几个词朴实无华，但十分有特征，十分切合实际地记录了计算机学院发展中的成功经验。这是"求是创新"这个总体精神在计算机学院的一个落实，就好像马克思主义在中国的落实一样；也是"求是创新"精神在计算机学院开出的一枝很重要的花朵。"人为本，和为贵，变则通"，计算机学院始终坚持团结奋斗和这九个字是分不开的，这是何志均先生留给我们的宝贵遗产。

本篇摘自潘云鹤院士在计算机学院建院40周年庆典大会上的讲话。

潘云鹤

1978年10月至1981年10月就读于浙江大学计算机系计算机应用专业。1981年10月至今在浙江大学计算机学院（系）任教。

口述人：陈纯

浙大计算机的"天时、地利、人和"

我于 1981 年底到浙大读硕士，师从何志均老师。老浙大计算机系是 1978 年成立的，原杭大计算机系是 1984 年成立的，四校合并之后，两者合并成为我们新的计算机系。所以从老浙大计算机系到新的计算机系，再到计算机学院的发展，我都很荣幸地参与其中，并担任了老浙大计算机系系主任、新计算机系系主任、计算机学院院长和软件学院院长，在这个过程中有很多经历。

从老浙大计算机系发展到计算机学院和软件学院的历程中，正如潘云鹤老师和很多老师谈到过的，我们一直秉承着"人为本，和为贵，变则通"的发展理念。对于计算机学科的发展，我们特别强调"高水平"和"强辐射"。计算机学院发展到现在，取得了比较好的成绩，我觉得很幸运，我们真的是有"天时、地利、人和"。

我们的外部环境非常好，国家正处于高速发展期，正推行信息化带动工业化、信息化融合工业化发展战略，对计算机人才的需求非常强烈，不管是对计算机专业的学士、硕士还是博士毕业生都有很大的需求，所以这么多年来我们一直有优质的生源保障。此外，我们的科学研究、技术开发和科技成果产业化也发展得较好，一方面是因为社会需求，另一方面是因为我们计算机学院教师的不懈努力。

计算机学院的发展也离不开很多院士、领导对我们学院的关心。我们有一些很好的学术带头人，给我们带来了"天时"和"地利"。

现在看来，更让人欣喜的是一代又一代浙大计算机人为学院发展所做出的贡献。从时间上看，第一代是以计算机学院创始人何志均为代表的老师，包括石教英、俞瑞钊、张德馨等老师。何老师主导了建系，并高瞻远瞩选定人工智能和图形学与CAD为主要学术方向，在临近退休时，又带领几位年轻教授在大型软件系统工程化领域做出了高水平的工作。第二代是以潘云鹤院士为代表的出生于20世纪40年代的老师，这些老师在我们计算机系的发展中是非常强大的一支力量，前30年的很多成果是由他们作为主力军创造的。出生于50年代的老师比较少，我是其中之一，基本上起到"承上启下"的作用。更让人高兴的是，现在我们学院60年代出生的老师是一个非常强大的群体，以吴朝晖、鲍虎军、庄越挺等老师为代表，都非常优秀。通过培养学生和引进人才，学院现在也有一些颇具潜力的年轻一代老师。

计算机学院的老师们特别注重运用高水平研究成果来支持产业发展，尤其是改造传统产业。当年潘云鹤教授的美术图案智能系统在棉纺、家纺等纺织业应用得很好，获得了国家科学技术进步奖二等奖。后来我也跟潘云鹤教授合作延续这项研究，在纺织印花系统上进行了应用，获得了国家科学技术进步奖三等奖。近十年来，我们又把潘云鹤院士"创新设计"的理念应用到印花系统当中，实现了工艺创新。

纺织品数码喷印系统实际上是装备创新，即把一个很大的印花机替换为一个新的设备。如果用简单的语言来描述，这个设备就好比一个采用喷印技术的大型"彩色打印机"，它的最大宽度可达3米，打印速度非常快，一个小时能打印150平方米，而且精度很高，色彩很逼真。它可以对棉纺布料、丝绸甚至是厚地毯进行打印。这个系统延续了潘云鹤院士在纺织业用高新技术改造传统产业的研究。

这个系统产生了较大的社会价值。我们知道纺织印染厂的污染对环境影响非常大，太湖污染中的 COD（化学需氧量）很大程度上来源于纺织印染厂未经恰当处理的污水排放。而我们设计的喷印机所生产的布上的 COD 含量只有原来的 1/20，只要经过简单的污水处理，就可以实现"零排放"，因此具有较大的市场应用前景。而且它的核心技术都具有自主知识产权，这将很好地促进纺织业向"零污染、零排放"转型。这个项目的成功，是持续了几十年的研究才获得的，这主要取决于计算机学院的学科理念，即"高水平"和"强辐射"。

本篇摘自陈纯院士在计算机学院建院30周年时的采访视频。

陈纯

　　1981年至1991年就读于浙江大学计算机系计算机应用专业。1984年至今在浙江大学计算机学院（系）任教。

口述人：吴朝晖

一生学习的榜样

何志均先生是计算机界的一代宗师，亦是我人生的楷模，三十年来，先生的教诲、关心和帮助一直伴随着我的成长发展，他那高尚的人格、大家的风范、卓越的见识更指引着我砥砺前行。

何先生见识高远，时刻不忘开拓创新，始终走在时代前列。四十年前，他开创了浙江大学计算机系，培养了一大批计算机科学与技术人才，为国家计算机科技事业发展输送了最宝贵的人才资源。对于当下世界各国战略必争和我国未来发展战略重点的人工智能，先生早在四十年前就已前瞻到其发展前景，并将其作为浙江大学计算机系的主要研究方向，建立了人工智能研究所。先生敢于创新、勇于突破，他并未满足于实验室的研究，退休后仍带领学生开展产学研合作，将学术成果用于推动产业发展。可以说，先生所做的努力和付出，为浙江大学计算机学院今天的发展和成就奠定了坚实的基础，创造了良好的条件，开辟了崭新的境界。

经师易得，人师难求。何先生爱生如子，时刻不忘师道初心，对学生的成长倾注了大量的心血与无私的关心。先生非常提倡科教结合，支持本科生参加学术会议和研讨班。至今我仍然记得，在先生鼓励下，我在本科三年级就参加了科研工作，并且经他推荐，我作为学生代表，在 1987 年 12 月有幸参加了国家 863 计划信息领域启动时的战略研讨会。先生非常重视学生创新能力的全面培养，引导学生在科研实践中获取真知。至今我仍然记得，1988 年我刚进入先生门下攻读硕士，先生便让我担任学术骨干，并负责工作站智能系统开发工作，先生这种高度信任、大胆用人的大家风范，使我的科研能力在硕士阶段得到全面的锤炼与提升。先生非常重视学生的课程学习，为学生指导前沿的学术方向。至今我仍然记得，20 世纪 90 年代初，在先生鼓励和支持下，我继续攻读博士学位，当时通信不便，尽管先生已年近古稀，却仍然不辞辛苦，顶着炎炎烈日，亲自到宿舍与我讨论博士课程的选择……点点滴滴，历历在目。

何先生淡泊名利，时刻不忘家国情怀，堪称师者典范。即使在耄耋之年行动不便，先生仍胸怀教育，心系天下。先生和师母薛艳庄老师一直都生活简朴，在晚年将毕生积蓄用于慈善，成立了云惠基金会，为弱势群体家庭的子女教育提供支持，而且不愿在基金中留下自己的名字。先生用自己的善行真正彰显了一位伟大教育家的风范。

薪火相传，不知其尽。先生自身发出的光辉是其学术成就和人格魅力，但他却以言传身教照亮了我们的人生，把求是创新的火种传递给我们下一代，使之生生不息。

本篇摘自《何志均老师纪念文集》（浙江大学出版社，2018）中吴朝晖院士的署名文章《一生学习的榜样——怀念恩师何志均先生有感》。

吴朝晖

　　1984 年至 1993 年就读于浙江大学计算机系。1993 年至 2023 年 2 月在浙江大学计算机学院（系）任教。

（摄影　卢绍庆）

口述人：汪益民

初到计算机系，我发现每个老师都很忙

我是 1993 年到浙江大学计算机系工作的，接替李为民同志担任系党总支书记。记得那是 11 月 8 日晚上，梁树德书记陪我到计算机系，代表校党委宣读了关于计算机系党总支书记的任命。我和计算机学院的缘分由此开始。会上，计算机系党政班子的领导都到齐了，大家并不感到生疏，因为我之前在宣传部，与同事走访院系时就与这些领导比较熟络了。

我到系里以后了解到，每个老师都很忙，系里的党政联席会议都不太开得起来。我觉得这个要重视，于是，我找当时的系主任潘云鹤谈了自己的想法：一是党政联席会议是很重要的党建管理的载体，必须常态化和规范化；二是开会时间建议放在星期一上午，便于出差的同志安排时间。人到齐了才能商量起来，讨论才会有成效。潘云鹤很认同我的想法。我当时还提出要建立教授会议的制度，他也很赞成。

教授会议开起来并初见成效后，我又意识到，青年教师是一个庞大群体，应该把他们的积极性也调动起来，参与学院的发展建设。于是我就建议系工会组织青年联谊会，并不硬性规定青年教师来参加，而是慢慢来，关键时刻要发挥作用。有了这样一个平台，青年人也开始凝聚起来，他们可以发挥主人翁的作用。

计算机系办公空间比较紧张，我当时和副书记共用一个办公室。我习惯于把座位对着走廊，平时门打开，老师同学们来来往往，我可以看到他们的状态，也

很欢迎他们进来聊聊。在计算机系任职期间，一件比较有成就感的事情，就是陈老师当年入党是我"争取"来的。

1994 年，当时人工智能研究所的支部书记有一天问我："汪书记，你知道吗？陈老师插队时差一点要入党了。但是现在学校的民主党派希望他加入民主党，正在做他工作。"陈老师是浙大计算机学科创始人何志均老师门下的第一个博士。他是象山人，1974 年高中毕业下乡插队，表现很好，还作为知青代表参加全省的大会。插队期间，他就写过入党申请书，并经支部大会讨论通过。但是在公社党委审批环节中得罪了某位党务干部，入党申请一直没有批下来。

我听支部书记这么一说，马上去找学校党委汇报。我当时找的是学校分管党建的副书记郑老师，我说我想把这个优秀的年轻人吸收到党内来。得到学校党委的许可后，我又主动找了陈老师，鼓励他重新申请加入中国共产党。我咨询过组织部后告诉他，由于插队期间支部大会已经通过了他的入党申请，他就不需要从头再走一遍入党程序，而是特事特办，半年内就成为预备党员。

学院发展理念的由来

我在计算机学院任职期间，正是我们国家和学校改革开放不断深化、各项事业蓬勃发展的时期，我们学院上下一心，艰苦奋斗，经历了从小到大、由弱变强的辉煌历程。回顾这段历程，我们可以总结出许多有益的经验，例如有难得的历史机遇，有正确的方针政策，有学校领导的关心和支持，有一批优秀的教师和出色的学生，等等。但是，我认为我们千万不能忘记我们学院几代人长期以来积淀和创造的学院发展理念——"人为本，和为贵，变则通"——及其所发挥的巨大作用。我想以何志均、潘云鹤、陈纯三代系主任为例，简要回顾学院发展理念的由来。

自何志均老师于 1978 年创建浙大计算机系以来，历任院系领导都十分重视以人为本，强调创新。例如何老师当年根据国家需要和学科发展规律，离开电机系，于1957年创建浙大无线电系；1978年又在学校的支持下，分别从无线电系、数学系和全国各地调来了许多优秀师资组建了计算机系，带领师生先后在人工智能和图形学发展方向上取得了国内领先的成绩。2000年，他已年近八旬，还主动通过海外校友联系美国道富银行，并于2001年11月合作成立了浙江大学道富技术中心，致力于开发全球化金融软件和技术，在外包软件出口方面取得了举世瞩目的成就，并为我们开辟了金融信息学方向。何老师敏锐的学术洞察力、不懈的创新精神、宽厚包容的品德，以及始终关注国家需要和人才培养的精神，影响了计算机学院好几代人，并逐渐成为我们学院历任领导和教师们的共识，推动学院教学科研事业不断发展壮大。

1991年，潘云鹤教授接任系主任，不仅继承了老一辈领导的优良传统，而且针对当时系里教师人数少、资源缺以及师资队伍中存在各种矛盾的情况，响亮提出"眼睛向外"的口号，在领导班子里讲，在研究所里讲，在教工大会上讲，并且以身作则，带领自己的团队积极争取科研项目，主要依靠科研经费来改善科研和教学条件。在他的号召和身体力行的影响下，一批又一批的教师也渐渐把目光转向校外去争取各种资源，内部矛盾大大减少。潘云鹤教授担任校长之后，又对学院领导班子讲了"和为贵，变则通"的道理，并为学院的一个学术活动室题写室名"则通室"，还在曹光彪东楼一楼墙上题词："学而创新，与时俱进。"2006年1月，他刚参加完全国科技大会回到杭州，顾不上休息，立即赶到人工智能研究所迎新晚会现场，给与会教师做了一个"明目扩胸"的动员报告，使大家深受教育和鼓舞。

1997年，陈纯教授担任系主任。1998年四校合并后，原浙大和杭大的计算机学科于1999年9月合并在新浙大的信息科学与工程学院中。为创办国家示范性软件学院，2002年3月，计算机系从信息学院中分离出来，成立了计算机学院和软件学院。之后 CAD&CG 国家重点实验室、校计算中心部分教师先后加盟计算机学院。在整个合并、加盟的过程中，陈纯教授很好地继承和弘扬了"人为本，和为贵，变则通"的发展理念，与学院党政班子一起正确处理改革、发展和稳定三者关系，尤其关心和照顾新加入群体的合理诉求，在人事政策和岗位设置上给予适当倾斜，使学院里有着不同渊源的群体很快就消除了隔阂与顾虑，齐心协力向着建设一流学院的大目标而共同奋斗。即使是被普遍认为最难做的教师分类管理工作，学院本着设身处地、与人为善的态度，出于既优化师资结构又有利于教师发展的目的，自 2002 年以来已分流教师和管理人员 48 人。

事实证明，一个学院的人文环境和发展理念对推动学院全面协调可持续发展是十分重要的。认真总结浙大计算机学科几十年的成就和经验，其中很重要的一条就是要坚持和弘扬"人为本，和为贵，变则通"的发展理念。

对"九字真经"的理解

"人为本"是学院一切工作的出发点和落脚点。办事情、想问题都要从学生和教师的根本利益出发，想师生所想，急师生所急，真正做到"立党为公，执政为民"，我们就能永远立于不败之地。正是坚持"以人为本"，学院才能舍得持续不断加大对本科教育工作的各种投入，从课时津贴到课程建设经费，从班主任津贴到班集体建设基金；正是坚持"以人为本"，学院才会在各种经费都很紧张的情况下仍坚持筹集资金，百年校庆时在学校率先设立了 100 多万元的教职工医疗助困基金，在 2003 年又设立了何志均教育基金；正是坚持"以人为本"，学院各项制度才能不断完善，院党政联席会、双代会、教授会、各种座谈会等有力地保障师生知情权、参与权、监督权的行使，学院领导总能在师生最困难、最需要帮助的第一时间出现在他们身边……

"和为贵"是我们处理人际关系和各种矛盾，尤其是处理干群关系的准则。这并不是不讲原则的一团和气，而是提倡海纳百川，兼容并包，与人为善，换位思考，平等待人，提倡公正、公平、民主。随着学院快速发展和各种竞争加剧，学院内外的各种矛盾错综复杂，有时甚至很尖锐。学院领导班子不回避、不退缩，也绝不以势压人，坚持"大道理管小道理"和以理服人，既运用民主的机制和方法，又积极开展谈心活动和调查研究，并及时切实解决一些实际困难。"和为贵"三个字简单明了，要真正做到、做好并不容易。它考验着领导者的胸襟气度和领导能力。我很欣赏当年陈纯院长在教授会议上说过的一句话："我们计算机学院的教授只有特点，没有缺点！"这句话说得多好！这里体现了一种包容性，特点实际上是包括缺点的。在干部队伍当中也有同样的情况，不要老是看到人家的缺点，有一些是他的个性。所以我们班子都是在"和为贵"的涵育下，以充分发挥每个人的积极性为努力方向。

"变则通"是指要坚定不移瞄准世界一流目标，坚持改革与创新，明目扩胸，与时俱进。在学院的发展进程中，我们必然还会遇到各种挑战和困难，不能怨天尤人，更不能"等、靠、要"，而要继承前辈们的创新创业精神，大胆创新，依靠群众，团结奋斗，在现在的基础上获得更好更快的发展，早日建成世界一流的学院！

汪益民

1978 年至 1981 年就读于浙江大学数学系。1993 年 11 月至 2008 年 1 月在浙江大学计算机学院（系）工作。

口述人：高平

和计算机"沾边"

1964 年 7 月，我从上海市第四女子中学高中毕业。高中期间，我在上海航海俱乐部练习赛艇。1964 年，全国赛艇锦标赛在杭州西湖举行，我获得了参赛资格却不被允许参赛，理由是还差两个月我要参加全国高考了……我赌气地想：不让我去天堂般的杭州，我就考个杭州的大学给你们看看！于是我就考进了浙江大学。

1972 年，我毕业后分配留校，在浙大自动化仪器仪表系（简称自仪系）工作。当年 1 月，自仪系成立了计算机教研组，我被分配到计算机教研组，当时非常迷茫：我从来没有见过计算机，只是听到过"计算机"这个名词，对计算机的认识几乎空白，这样怎么当老师呢？我觉得压力特别大。系领导说："你们是从学校里所有和计算机沾边的专业中挑选出来的应届生，今后计算机一定会在各行各业得到普及和应用。虽然你们现在都还是门外汉，经过努力，一定会有成果的……"

当时书店已经有计算机方面的教材了，基本是外文教材翻译过来的。系领导让我们自己去买教材自学。1973 年，计算机教研组被调整到无线电系。无线电系在三分部（现之江校区），当时的系主任是何志均老师。计算机教研组到了无线电系之后，何老师又带领部分无线电专业的老师也加入教研组，我们的师资力量增强了。1973 年，计算机教研组开始招收工农兵学员。学生上课在主楼，教研组的活动范围主要在平房一、平房二。平房尽头的几个房间是老师的宿舍，何志均老师一家就住在平房最边上的房间，叶澄清老师一家也住在那里。实验室也"蜗居"在这些平房里。

我一开始担任何老师"数字电路""模拟电路"等课程的助教，主要给学生答疑并带他们做实验。当时工农兵学员的实验课是怎样的呢？拿一个"放大电路"实验举例：实验桌上放有一块40厘米见方的胶木实验板，胶木板上面有很多粘有焊锡的焊接点，还有二极管、三极管、电阻、电容等电子元件；同学们根据实验指导书，用电烙铁把元件焊接起来。实验室的空间非常狭小，却要容纳约30个学生做实验。我指导实验时只能侧着身子在一排排实验桌间挪动。

何老师一直很关心国际计算机领域的发展情况。1978年，何老师根据科技发展的趋势，向学校建议，把计算机教研组从无线电系独立出去，成立计算机系。报告交上去后，学校同意了！

1978年，计算机系成立。学校批准我们从三分部搬回玉泉校区的第十一教学大楼，把大楼东侧的一楼到五楼安排给我们计算机系使用。教十一靠着护校河，窗户外边全是桂花树，工作环境优美。计算机系成立后，老师们有了自己的办公室，虽然是几个人合用一间，但比起在三分部的简陋环境，我们已心满意足了。同时系里也有了独立的实验室、机房、系办公室和几间行政办公室。

我们的宝贝Cromemco

我们系的第一台计算机是Cromemco。这台计算机是何老师在1979年学校组织几位教授到美国去参观访问的时候带回来的。出国前，每个人的行李里装有不少方便面、饼干、榨菜，大家希望尽量把伙食费省下来，想买当时国内非常稀罕的25英寸大彩电。当时，国内只有9英寸的黑白电视机，最大的也只有12英寸。何老师家那时也没有彩电。但是他没有买大彩电，而是用省下来的伙食费买了一台微机 Cromemco。

Cromemco 是当时浙大最高级的计算机了！那时我们每届有 60 名学生，计算机应用专业 30 人，计算机软件专业 30 人。学生的程序设计课程需要上机操作，幸亏 Cromemco 配置比较好——有 Unix 多用户操作系统，所以我们在机房连接了 16 台终端，这样学生就可以同时上机了……问题是，一台计算机带一个通道运行速度尚可，但同时要带 16 个通道，就得耐心等了。做毕业设计的时候，大家把程序送进去了，等半天都出不来——机器"堵"了。我在机房辅导上机的时候，都事先提醒学生用软盘及时保存程序，以免电路跳闸。机房和机器都是 24 小时开放，我经常在机房值夜班，碰到晚上上机的同学，我会和他们讲，别着急，可以到校门口去吃碗面条再回来，等程序运行完毕是很慢的。

有了 Cromemco 以后，系里的科研任务就多起来了。潘云鹤那时候还是研究生，他做的一个项目是杭州丝绸联合印染厂的"人工智能的平面美术设计"，以满足丝绸产品图案设计的需要。1983 年春，天津举办"国际科技成果博览会"，我带着几套系统去参展，我们展台周围最热闹。因为这个系统可以随机调出各种图案和元素，以供自由选择样式……来参观的有很多美院的师生，他们看得出神，都不肯离开。一个美院的学生对我说："你这个计算机画图，'啪'这么按一个键，计算机只需一两秒钟就能完成，我得画两个星期，以后我们还有饭吃吗？"我说："这个系统基本上用于产品设计，你是画家，做的是艺术创作，还是不一样的。"这个项目成果登上了《电气自动化》杂志 1983 年第 3 期的封面。谁又能想到，这个项目是潘云鹤在我们的这台 Cromemco 上熬夜研制成功的，真不容易啊！

为了买"大机器",当了一回"团长"

何老师看到国外计算机学科的发展情况,觉得这台 Cromemco 已经不够用了,他觉得无论如何都得买大机器。他选中了 VAX-11/785。何老师对比了各家代理商的价格,联系了最便宜的那家。对方说,如果我们能买 10 台,可以再打一些折。当时,一台 VAX-11/785 大约需要 40 万美元,约合人民币 150 万元。何老师一听就心动了,接下来就跟我说:"你帮着去找另外 9 台计算机的买家吧。"

那时候,我基本都在机房里辅导学生上机,很少和外界联系。我去哪里凑 9 台计算机的买家啊?何老师就启发我去找四大银行、中外合资单位等。那时候我年纪轻、胆子也大,先在电话黄页本上查电话号码,再打电话过去问地址,然后上门推荐"大机器"……在大家的共同努力下,看似困难的事情还真给办到了。中国银行是买家之一,还承诺在最合适的时机以最优惠的汇率为我们兑换外币。

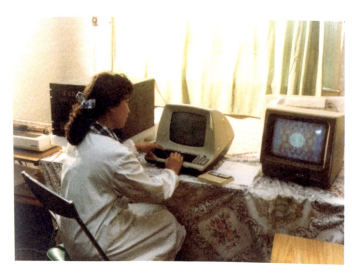

高平老师在 Cromemco 微机
机房上机

但是，当另外 9 台计算机的钱都汇到银行里的时候，我们的款项却还没着落。最后，何老师千方百计、七拼八凑地借了 100 多万元，终于买来了一台 VAX-11/785。经过这件事，何老师认为我在沟通协调方面有所专长，希望我到系里担任办公室主任的工作，更好地服务教学科研。

活跃的文体活动

20 世纪 80 年代初，我担任系办公室主任兼系工会主席。现在回想起过去的一幕幕，心里还是暖暖的……潘云鹤老师连续几年都以计算机系教师的身份参加学校的乒乓球比赛。每年金秋学校的教工运动会上，大家都以极高的热情参加比赛：王华民跑 100 米，平玲娣跑 200 米，张德馨、金廷赞、陶欣等老师参加中老年跑步项目，陈纯、应晶、陈德人打桥牌，赵惠芳、李菊初打乒乓球，我参加了铅球和拔河比赛……这些都是得过名次的。尤其是团体操比赛，我们更是不甘落后：无论是广播操、木兰扇还是健身操，我们都一丝不苟地反复练习，一直坚持到精神抖擞地走上赛场……名次都是次要的，展示我们团队的精神面貌更为重要。

最近我在整理材料时发现过去的一些影像资料，真是如获至宝：在校工会组织的"教师生活装风采表演赛"上，我们系的党政领导和博导、教授带头参加。当手提水桶、肩扛鱼竿、笑容可掬的董金祥教授出场时，大家已经忍俊不禁了，特别是他站在 T 台上，面向观众甩开那根自动钓鱼竿——全场顿时响起了欢快的笑声……绝对精彩的要数压轴走上舞台的老先生了——那是我们计算机系的创始者、时年 70 岁的何志均老师，当他身着出国访问时新买的大衣，微笑着向大家挥手并脱帽致意时，全场爆发出雷鸣般的掌声……

何志均老师参加"教师
生活装风采表演赛"

高平

1964 年 9 月至 1970 年 7 月就读于浙江大学化
工系自动化专业。1972 年 1 月至 2000 年 12 月在浙
江大学计算机学院（系）工作。